方法としての心理学史

心理学を語り直す

サトウタツヤ

新曜社

はじめに —— 本書刊行の目的と内容

　本書は研究分野としての心理学史において、どのような方法論があり、どのような争点が存在するのかを中心にまとめた論文を中心に一冊の著書としてまとめたものである。もちろん、心理学が歩んできた道、心理学史の概説も含まれている。

　第Ⅰ部「心理学史概観 —— 世界と日本の心理学史」は欧米・日本それぞれの心理学史の概説であり、簡単に世界の心理学の成立とそれ以降の展開を捉えることができる。日本の心理学史に関しては拙著『日本における心理学の受容と展開』でまとめた内容のダイジェストでもある。半ば定型化した語りに堕しているという自戒をこめつつも、標準的な歴史を描いている。「歴史は事実の羅列であるから、つまらないし、変化しない」と考える人は少なくないだろうが、歴史は「語り直される」ものである。世界の心理学史においても、日本の心理学史においても、争点となるべきホットイシューが存在する。これらについては第Ⅱ部、第Ⅲ部で検討していく。

　第Ⅱ部「近代心理学の成立を巡る争点」においては世界心理学史の叙述における争点として，特に近代心理学の成立以前の文脈を理解することを目指した。19世紀の末ころ、1879年を一つの画期点としてドイツのヴントによって近代心理学が成立したということは一種の常識になっている。だが、何故この時期にこうしたことが起きたのかを理解するためには，その文脈の理解が必要となる。近代心理学成立以前のドイツに注目し、カントの不可能宣言、ゲーテの『色彩論』について考えてみたい。現在は心理学者としては扱われていないこの両者も、心理学に関心を寄せていた。彼らの行ったことと心理学成立の関係を読み解いていく。

　第Ⅲ部「日本における近代心理学を巡る争点」においては日本心理学史の叙述における争点として、心理学という日本語の起源や定着について扱った。

i

また、日本で最初の心理学者として記憶されている元良勇次郎について、心理学を学び、日本に定着させたプロセスについて検討した。最後に、日本の心理学から排除されてしまった、妖怪や千里眼について、その研究目的とそれがなぜ心理学に組み込まれていかなかったのか、について検討した。

第Ⅳ部「心理学史する、ということ」においては、心理学史の方法論を検討・紹介する。心理学史という分野が常に新しい問いを作り、歴史を編み直し、新しい知識を生産するための道具だてが歴史叙述法（ヒストリオグラフィ）である。単に昔のことを調べることが歴史なのではない。思いつきで歴史を書き換えることもできない。歴史叙述法（ヒストリオグラフィ）に基づくことが重要である。昔語りではなく、研究としての心理学史を確立するためにも必要である。

この本を通じて、心理学史というものが、ワクワクする心理学の一分野だということを感じていただき、取り組むべき価値のある問題に取り組む人が増えていただければ、望外の幸せというものである。

2011年1月23日　イタリア・レッチェにて
サトウタツヤ

目　次

はじめに　i

第Ⅰ部　心理学史概観　世界と日本の心理学史　　1〜53

第1章　近代心理学成立への胎動 ── 3
1　ギリシアにおける源流　3
2　「心理学の起点」あるいは分水嶺　6
3　連合心理学・進化論を中心としたイギリスでの出来事　7
4　感覚の実験的研究を中心としたドイツの出来事　9

第2章　近代心理学の成立 ── 13
1　統括者としてのヴント　13
2　ヴントと同時代の心理学　16
3　国際的交流の始まり　19
4　心理学の深化　21
5　応用領域の広がり　25
6　第二次世界大戦後の心理学──アメリカ心理学の隆盛　29

第3章　近代日本における心理学の受容と制度化 ── 35
1　序論　36
2　元良勇次郎の精神物理学と心理学の制度化　39
3　学　範（ディシプリン）としての心理学の受容と展開　49

第Ⅱ部　近代心理学の成立をめぐる争点　　55〜105

第4章　近代心理学の成立と方法論確立の関係
　　──カントの不可能宣言を補助線に ── 57
1　はじめに　57
2　17世紀後半以降の心理学的主題　60

3	カントの不可能宣言とその歴史的意義	65
4	感覚生理学と精神物理学の方法	73
5	実験を中心にした心理学の成立	82
6	補論 —— ヴントと同時代、もしくは以後の心理学から	87
7	おわりに	89

第 5 章　心理学と科学の関係を考える —— ゲーテ『色彩論』を補助線に —— 95

1	科学にこだわる心理学者	95
2	カント「心理学は科学にならない」宣言を知る	96
3	心理学の科学化を導いたもの	98
4	もう一つの科学を考えるためのヒントとしてのゲーテ	100
5	科学としての質的研究 —— モデルということ	104

第Ⅲ部　日本における近代心理学をめぐる争点　107～163

第 6 章　西周における「psychology」と「心理学」の間
—— ヘヴンの精神哲学を補助線に —— 109

1	西周、「psychology」、「心理学」	109
2	「psychology」と「心理学」	111
3	西と「psychology」	113
4	西と心理、もしくは心理学	122
5	西にとっての心理学と性理学	125
6	西と心理学との距離	131
7	まとめ	133

第 7 章　元良勇次郎 —— わが国最初の心理学者 —— 139

1	元良の生涯 —— 出生から米国留学まで	139
2	米国留学	140
3	帰国後の元良勇次郎と心理学者としての活躍	143
4	独立の心理学実験室と大学の専修制度	145
5	参禅体験と晩年の元良勇次郎	148
6	まとめ —— 元良の人柄	149

第 8 章　日本の近代心理学成立期における境界画定作業
—— 排除される知としての妖怪・透視・念写 —— 151

	1	境界画定作業からみる日本の心理学	151
	2	井上円了とその学説	152
	3	福来友吉とその学説	155
	4	まとめと研究評価の問題	161

第Ⅳ部　心理学史する、ということ　　165〜191

第9章　ヒストリオグラフィと資料保存の重要性 ──────── 167
	1	ヒストリオグラフィの枠組み	167
	2	歴史研究の資料	169
	3	資料方法論からみた心理学史の一事例	173
	4	おわりに	180

第10章　心理学史を書き換える ──────────────── 181
	1	心理学の設立に関する決定的出来事を何にするか	182
	2	新しいかたちを目指す心理学	183
	3	進展する社会と心理学の関係 ── 歯止めではなく後世への橋渡しを	184
	4	評価を未来に拓く	186
	5	学問にもトレーサビリティを ── アーカイブの機能	188
	6	まとめ ── 学問史の意義	189

あとがき　193
文　献　197
人名索引　207
事項索引　210
初出一覧　214

装丁＝虎尾　隆

第 I 部

心理学史概観
世界と日本の心理学史

第1章　近代心理学成立への胎動
第2章　近代心理学の成立
第3章　近代日本における心理学の受容と制度化

第1章
近代心理学成立への胎動

1 ギリシアにおける源流

　心理学の対象は、心もしくは魂と呼ばれるようなものである。なお、ものというのは、必ずしも実体を意味するわけではない。本書では心理学を psychology の訳として用いているが、心理学という言葉と psychology という言葉はどのようにしてできたのか、それらはどのような関係にあるのか、ということ自体も心理学史の研究テーマになりうるから厄介である。第1部では、第1章と第2章で西洋の psychology の起源や語源を、できるだけ日本の状況と比較対照しながら考えていき、第3章で、日本の心理学の成立事情に触れる。

　psychology を分解するなら、ギリシア語で魂を意味する psyche と理法を意味する logos とに分けられる。ここで psyche とはギリシア神話に出てくる女神である。ギリシア神話は一般的に、人間の諸機能を神というかたちで属人化したものであり、その中に人間の心が取り扱われていることは、心の働きについて外部から捉えようとする試みが古くから存在したことを伺わせる。一方日本の神話は、ギリシアの神話とはその成立の経緯も機能も異なるとはいえ、心・魂を対象化したような話はない。その代わり和歌には「こころ」やその当て字が多く使われており、簡略にいえば、心や気持ちは対象化するのではなく、訴えかけたり発散するものだったと考えられる。ちなみに漢字の「心」は心臓に由来し、鼓動（動悸）と感情の相関関係が強く意識されていたと想像できる。また、感情の感にも情にも「心」が含まれている

（りっしんべんは立心偏ともいうように、「立った心」である）。意志も同様であり、漢字文化圏における心の位置づけがわかる。

さて、古代ギリシアの哲学者アリストテレス（Aristoteles, BC384-322）には「魂について（peri psyche）」という論文がある。この論文は心理学として書かれたものではないが、後に述べる近代心理学が成立した後には起源の一つとして盛んに言及されるようになった。

アリストテレスは生命を人間と動物と植物に分けた。この三分法は進化論によって否定される運命にあったが、生命体の連続を重視する考え方ではあった。彼は人間の感覚についても、仮説的モデルを作っていた。

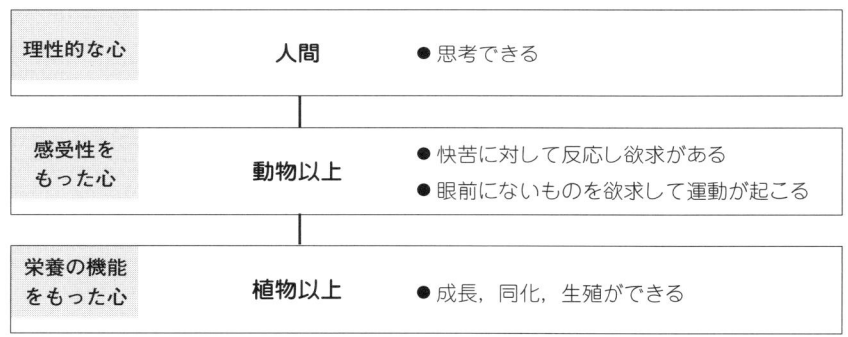

図1-1　アリストテレスによる心の階層 （梅本, 1994）

個性や個人差への関心もギリシア時代にさかのぼることが可能である。ゴードン・オルポート（G. W. Allport, 1897-1967）は、「体液心理学」「文芸論的性格学」「相貌学」が近代以降の性格研究につながる源流だとしているが（オルポート, 1937/1982）、これらはいずれも古代ギリシアにさかのぼることができるからである。

表1-1　性格心理学の知的源流 （溝口, 1997; サトウ, 2005）

体液心理学	ヒポクラテス（体液病理学）
文芸論的性格学	テオフラストス（人さまざま）
相貌学	アリストテレス（動物誌）

体液心理学の源流は、紀元前4世紀前後に活躍したヒポクラテス（Hippocrates, BC460-377）の体液病理学である。人間には血液、粘液、黄胆汁、黒胆汁の4つの体液があり、そのバランスが崩れると病気になる、というのが体液病理学の考え方の基本である。そして、その後に体液心理学を完成させたとされるのが、2世紀にギリシア医学を集大成したともいわれるガレノス（Galenus, 129-200頃）である。彼は、4つの体液のいずれかが優勢になって人の気質の違いを作り出すと考えており、それが、多血質、粘液質、胆汁質、憂鬱質、という人間分類につながっていく。

文芸論的性格学の祖はアリストテレスの弟子、テオフラストス（Theophrastus, BC371-287）で、彼が著した『人さまざま』は最も古い個性描写の文献であるとされる（テオフラストス, 1982）。

相貌学は、アリストテレスの『動物誌』をその源流とする。人間の個性の違いを、顔の違いから類推しようとする試みの始まりであり、骨相学などの源流でもある。

このように、人間の精神過程への興味や個人差への興味は遠くギリシア時代までさかのぼることができるが、これらは心理学として研究されていたわけではない。この当時はpsychologyという用語も無かったと考えられる。

用語としてのpsychologyの始まりについてブロゼク（Brožek, 1999）は、15世紀の人文主義者マルラスの著作の題名である「Psichiologia」（1520年頃）が最も古い用例だとしている。さらに、マルブルグ大学のゴクレニウス（Goclenius）が1590年にその著作の題名として『Psichologia, hoc est de hominis perfectione（サイコロジー、人間の進歩について）』を用いているという報告もある（Lapointe, 1972）。

著作としてのpsychologyの始まりは、クリスティアーノ・ヴォルフ（C. Wolff, 1679-1754）の『経験的心理学（Psychologia empirica）』（1732）であるというが、こうした語の意味するところは、現在の心理学とは異なっており、「魂の学問」や「道徳哲学」に近いものであった。だが、いずれにせよ、こうした内容を学問的に検討すべきであり、それには新しい用語が必要だ、という感覚が醸成されていたのである。

心理学史家・ダンジガー（Danziger, 1997）も指摘するように、18世紀になるまではpsychologyという語で示す学問内容はほとんど存在していなかった。そして、その後はドイツの感覚研究、イギリスの連合主義、アメリカの精神哲学、などの流れが相互に影響し合いながら、近代心理学を形作っていくことになるのである。

2　「心理学の起点」あるいは分水嶺

では、その「心理学の起点」とはいつどこでのことか。現在の合意事項としては、ドイツ・ライプツィヒ大学に心理学実験室が開設された時点であるとされることが多い。かつては「心理学実験室の創設」が1879年であったと考えられていた。しかし現在では、この年は、ライプツィヒ大学に職を得た（1875）ヴント（W. Wundt, 1832-1920）が整備した心理学実験室が、大学によって公的に認められ、教育や研究に使われるようになった年だと解釈されている。そして、この実験室を舞台に多くの心理学実験が行われ、海外からの留学生を含む多くの学生が育ち、卒業後は心理学を普及させるのに一役買ったのである。

このような普及は、むろんヴント一人によって成し遂げられたのではない。多くの同時代人の共演（競演）であったと言ってよい。後述するように、ヴントは同時代人の中で一歩ぬきんでた何かを持っていたことは確かだが、かといって、それが一人でできたわけでもない。

また、ここで重要なのは、新しい心理学（近代心理学）がそれまでの心理学と異なっているのは、その科学性だったことである。なぜ科学的であることが問題だったのかと言えば、哲学の領域において、心理学は科学になることが可能かという問題が問われていたからである。今では奇妙に聞こえるかもしれないが、当時の物理学が華々しい成功を収めて自然哲学から自然科学へと移行したことを受けて、精神哲学も科学化可能かどうかが学問的関心事だったのである。哲学者カント（I. Kant, 1724-1804）がその著書『自然科学の

形而上学的基礎』(1786) において、「心理学は純粋な自然科学になり得ない」と宣言していることからも、この問題が哲学者の関心をひいていたことがわかる（第4章参照）。心理学が科学になるうるかどうかが関心事でなければ、わざわざ「心理学は科学たりえない」などという宣言をする必要は無いのだから。ちなみにカントは、心理学には先験的（ア・プリオリ）なフレームワークが存在しないこと、内的感覚という現象やその法則に数学を適用できないことから、こうした主張をしていた（Green, Shore, & Teo, 2001）。ここで、カントが心理学の対象を「感覚」としていることは十分な注意を要するだろう。哲学の歴史の中で考えるなら、感覚について検討することが精神の研究の大きな中心だったのである。

　精神に関する科学的追究について関心を持っていたのはドイツの哲学だったのであり、自然科学の興隆が援軍となって、心理学を科学的なものにしたのである。そして心理学は、イギリスの連合主義や進化論や統計手法、フランスの実証主義哲学、あるいはアメリカの精神哲学などの伝統をも統括して、全く新しいかたちの知のあり方を提唱したのである。

3　連合心理学・進化論を中心としたイギリスでの出来事

　19世紀の中頃、イギリスではジョン・スチュアート・ミル（J. S. Mill, 1806-1873）が連合心理学を体系化した。その際にミルは、「精神についての法則は、自然科学の法則など他の法則に依拠してはいけない」と考え、観念連合の法則を重視した（観念は idea の訳である）。この連合主義の心理学はアレキサンダー・ベイン（A. Bain, 1818-1903）やハーバート・スペンサー（H. Spencer, 1820-1903）によって発展をとげ、アメリカの機能主義に影響を与え、日本にも影響を及ぼすことになる。ベインは連合主義的な考えを神経機構の知識と結びつけ、『感覚と知性』という著書（1855）によって心理学の発展の基盤を作ったと言われる（Bolles, 1993）。彼はスペンサー＝ベインの法則として知られる行動の法則も提唱しているし、『Mind』という世界で最初の

心理学関連学術誌を発刊したことでも知られている（1876）。

　その頃イギリスでは、チャールズ・ダーウィン（C. Darwin, 1809-1882）の進化論が形を整えつつあった。ダーウィンは世界一周を敢行した船、ビーグル号に乗船する機会を得たため、ガラパゴス島などに生息する多様な種を観察することができた。有名な書『種の起源』は正確に訳すなら『自然選択、すなわち生存闘争において有利な競争が存続することによる、種の起源について』というものであり（1859）、家畜を例にとって、世代交代の中で生存闘争や自然選択が働くことを述べた書である。ダーウィン自身はキリスト教的世界観に敵対する気持ちは無く、ようやく12年後に『人間の由来』（1871）の中で人間の進化について論じたのであった。『人間と動物における情動の表現』（1872）では、人間と動物との表情の類似から、表情が持つ実用的な機能について論じている。

　なお、比較心理学（comparative psychology）の立役者となったのは、ダーウィンの友人であった比較解剖学者、ジョージ・ジョン・ロマーニズ（G. J. Romanes, 1848-1894）である。ただし彼の研究は逸話の拡大解釈であるという批判も受けた。ロイド・モーガン（C. Lloyd Morgan, 1852-1936）は、ある行動を説明する時に試行錯誤学習など低次の心的過程として説明できる場合には、高次の心的過程（推理など）で説明すべきではないというモーガンの公準（あるいはモーガンの節約律）を提唱した（高砂, 2003）。

　進化論的な考えは子どもの発達研究も後押しした。ダーウィン自身が自らの子どもに対して観察日誌をつけており、乳児の情緒について検討した「乳児の日記的素描」を発表していた（Darwin, 1877）。ダーウィンが影響を受けたのは『Mind』に掲載されたイッポリト・テーヌ（H. Taine, 1828-1893）による自身の娘の観察研究である。そして多くの研究者に影響を与えた。そのうちの一人がドイツの生理学者プライヤー（W. Pryor, 1841-1897）であり、彼は自分の子どもを出生後1000日間にわたって組織的に観察している。プライヤーの観察は、同一の子どもを長期にわたって観察する、病児や障害児と健常児を比較する、動物行動と人間行動を比較する、などさまざまな工夫がこらされており、その主著『児童の精神』（1881）は児童心理学の始まりを告

げる著として歴史に名をとどめている。

4　感覚の実験的研究を中心としたドイツの出来事

　科学的心理学を打ち立てるために、哲学の中から数学的心理学を模索していた人たちにとっての強力な援軍が、ドイツにおいて、生理学や物理学などの自然科学領域から現れてきた。

　エルンスト・ハインリヒ・ウェーバー（E. H. Weber, 1795-1878）はライプツィヒ大学の生理学教授であり、触覚に関心を持ち、触二点閾の研究を行った。触二点閾とは、人が二点と感じることのできる最小の間隔のことであり、触覚における弁別閾である。彼はこの触二点閾が身体の部位によって異なることから、触覚神経が作る感覚圏の大きさが部位によって異なるとした。小さな感覚圏の部位の触二点閾は小さく、大きな感覚圏では触二点閾は大きくなるのである。また、ウェーバーは、重さの弁別閾の研究も行った。

　ウェーバーが扱ったのは閾（limen）という概念である。ただし、閾値の詳しい分析はグスタフ・テオドール・フェヒナー（G. T. Fechner, 1801-1887）を待つことになる。たとえば、光の物理的な明るさを照度と言うが、照度が2倍になっても人が感じる明るさは2倍にならない。音の大きさなども同様で、音の大きさが2倍になったからといって人間の耳には2倍大きな音には聞こえない。こうした関係をフェヒナーは関数のかたちで表した（これは仮説であるが、一般にフェヒナーの法則と呼ばれている）。フェヒナーの法則とは「感覚の大きさ（E）は刺激の強度（I）の対数に比例して増大する」と表現することができる。

$$E = K \log I + C$$

　フェヒナーは閾値の分析も行い、ある刺激の存在自体が感知される最小の刺激強度である絶対閾と、ある刺激の変化自体がわかるために必要な刺激強度（弁別閾）を区別した。ただし、彼自身が重視していたのは絶対閾である。

なぜなら、絶対閾に達しないうちにも、刺激の強度は存在するからである。逆に言うと、あるところまでは刺激を強くしていっても感じないのである。これはたとえばステレオなどの音のつまみをゼロからゆっくり回していっても、あるところまでは音を感じることができない、ということを思い起こせば理解できる。フェヒナーは刺激が存在するにもかかわらず感覚に昇らない状態に興味を持って研究を行っており、これはジークムント・フロイト（S. Freud, 1856-1939）の無意識の説に影響を与えた可能性もあると言われている（エランベルジェ, 1956）。

閾値を決定するためにフェヒナーが考え出したのが、「丁度可知差異法（極限法）」「当否法（恒常刺激法）」「平均誤差法（調整法）」という3つの手法である。そして、この方法こそが、フェヒナーの思惑を超えて、心理学を科学化するための方法となったのである（表1-2）。

表1-2　フェヒナーによる3種の精神物理学的測定法（岡本, 2001 による）

平均誤差法（調整法）	標準刺激に対して変化する比較刺激を上昇・下降両系列によって反復して異同の判断を求める。実験者もしくは被験者が比較刺激を変化させて提示する。刺激等価法とも呼ばれる。
丁度可知差異法（極限法）	標準刺激に対して連続的に変化する比較刺激の提示を行い異同の判断を求める。上昇・下降いずれかの系列を用いる。実験者が刺激を変化させて被験者が答える。
当否法（恒常刺激法）	測定値が存在する範囲をあらかじめ定め標準刺激に対して複数の比較刺激をランダムに提示して異同の判断を求める。

そして、心理学の側でも物理学畑のフェヒナーが開発した方法を使いこなせるだけの態勢が整いつつあった。生理学的心理学である。この生理学的心理学は、特殊神経エネルギー説で知られるベルリン大学のヨハネス・ミュラー（J. Müller, 1801-1858）やその弟子たちによって発展してきたものである。弟子の一人、ヘルマン・フォン・ヘルムホルツ（H. von Helmholtz, 1821-1894）はカエルの神経線維を用い、さまざまな距離における刺激から反応までの時

間を利用して神経伝達速度の推定を行った（1850）。

　また、オランダの生理学者、フランシスカス・ドンデルス（F. C. Donders, 1818-1889）は減算法（第4章80ページ参照）を開発し（1868）、より詳細な内的過程の推論を可能にしようとした。この方法はヴントらにも取り入れられるところとなり、また、反応時間を指標にする研究は今日の研究においても主要な方法であり続けている。

　すでに述べたように、19世紀哲学の課題の一つは心理学の科学化であった。カントはそれを不可能だと断じたが、乗り越えようという苦闘は続いていた。そこに異なる文脈から精神物理学という技術が合流し、心理学は科学化を可能にするのである。

　そして、こうした流れの多くを包括的に展望し1つにまとめあげ、さらに、実験という手続きを重視する人物が現れたのである。それこそがドイツのヴントであった。

第2章
近代心理学の成立

1 統括者としてのヴント

　以下では、近代心理学の立役者の一人としてヴィルヘルム・ヴント（W. Wundt, 1832-1920）を扱う。個人に焦点をあてる学問史は偉人史になりがちだが、ここではヴントが偉かったから、という主張をするつもりは無い。一つの学問分野あるいは学問上の優れた学説は、一人の個人が突然ひらめいて作るものではない。同時代にほぼ同じようなことを考えている人がいるのである。ただし、そうした時代風潮の中、最も同時代人に受け入れられた仕事をしたのが誰なの

図 2-1　ヴント（1832-1920）

か、ということを考える価値はある。誰もが関心を持ち、あるいは苦闘している問題に対してしなやかな解を出す人がいれば、同時代人のヒーローになるだろう。心理学の場合それがヴントだったのであり、ある個人の努力だけが心理学という学問を作ったわけではないことに留意してほしい。

　心理学が科学として体系を整えることで哲学と袂を分かった時期に、精力的に活動したのがヴントであった。ヴントは医学を修め、生理学的実験手法にもなじみがあった。そして当時急速に変貌をとげつつあった心理学の知見を体系的にまとめたのである。特に1873〜74年に出版された『生理学的心理学綱要』の評判が良く、チューリッヒ大学に招聘されるきっかけとなった。

ただし彼はその1年後、1875年にライプツィヒ大学の哲学教授に就任し、引退するまで研究を続けた。

表2-1　ヴントの生涯

1832	誕生
1855	医師の資格を得る
1862	『感覚知覚理論のための論文集』を出版（実験心理学の重要性）
1864	ハイデルベルグ大学私講師
1873〜4	『生理学的心理学綱要』を出版
1874	チューリッヒ大学教授
1875	ライプツィヒ大学教授
1879	心理学実験室公認
1886	『倫理学』を出版
1896	『心理学概論』を出版。ライプツィヒ大学学長
1910	『民族心理学』全10巻の刊行開始（〜1920）
1920	逝去

ヴントは非常に多作の人であった。表2-1に示したものはその一部である。また、多くの著書は改訂版が出されている。たとえば『生理学的心理学綱要』は第6版まで、『心理学概論』は死後の1922年までに15版を重ねた。日本でも翻訳や概説が出版されている。また、彼の死後その著書はドイツで売りに出され、それを折から留学中の千葉胤成が東北帝国大学のために購入し、今でも「ヴント文庫」として現存している。

ヴントはその『生理学的心理学綱要』において、生理学と心理学との間に同盟関係を築くことで、内観心理学に実験生理学の手法を取り入れた。刺激の体系的変化によって内観を実験的に行うようにしたことによって、心理学における実験の意味が明確になり、そのことが実験心理学という名称を不動のものにしたと考えられる（Wozniak, 1999）。内観を科学的に行うには、刺激を体系立てて変化させることと、被験者からの反応をできるだけ早くとる、という2つのことが必要であり、実験室の設立はこうした要件を満たすために重要な役割を果たしたのである（Fuchs & Milar, 2003）。

ヴントの心理学は一般に要素主義として見られているが、彼自身はむしろ統覚（apperception）という意識の統合過程を重視していた。この統覚はゴッ

トフリート・ヴィルヘルム・ライプニッツ（G. W. Leibniz, 1646-1716）も重視していた過程であるし、絵画統覚テスト（TAT）のAがapperceptionであることを考えると、その当時は統覚概念が一定の役割を果たしていたことがわかる。

　また、ヴントは心理学の範囲を感覚や知覚の実験に限ったわけではなく、当時のドイツですでに勃興していた民族心理学の影響も受け、複雑な精神過程や内容についても研究が必要だと考えていた。個人心理学のために実験が必要であり、民族心理学のためには観察と記述が必要だというのが彼の考えだった（表2-2）。なお、この民族心理学は、現在では文化心理学と訳されるべきだという主張もある。

表2-2　ヴントによる近代心理学の構想 （サトウ, 2003）

名称	研究対象	方法
個人心理学	（個人の）意識	実験（内観）
民族心理学	（民族の）精神	観察

　最後に、ヴントの心理学がそれまでの心理学と一線を画すほど重視されたのは、表2-3のような要因によると思われる。

表2-3　ヴントが心理学史上で重視される理由

演示哲学・実証哲学としての心理学
研究生産の場としての実験室の整備
成果発表の場としての学術雑誌
弟子生産システムとしての学位授与（留学生の受け入れ）
教え子たちの活躍（留学生が母国で活躍）

　博士号を出した学生の数は非常に多いうえ、一時的滞在の者は数知れない（一時的滞在者の例としてはアメリカのホールなど）。日本人は残念ながら博士号を授与された者はいないものの、千葉胤成や桑田芳蔵などの心理学者だけでなく、井上哲次郎など哲学者もライプツィヒ大学に滞在して勉学に励んでいる。

2　ヴントと同時代の心理学

　くどいようだが、ヴントという一人の傑出した人物だけが心理学を近代化したのではない。

2-1　ドイツの状況

　ヴントの同時代の心理学者たちはさまざまな国に存在し、さまざまな学派を構成していた。たとえばドイツ国内では、中央部のヴュルツブルク大学で心理学研究室のオスヴァルド・キュルペ（O. Külpe, 1862-1915）を中心にヴュルツブルク学派が形成され、質問法を開発し、課題によって作られる反応への無意識的な統制過程である決定傾向などの研究を行った。ウィーン大学の哲学の教授となったフランツ・ブレンターノ（F. Brentano, 1838-1917）は南ドイツの牧師だった。彼は『経験的立場からみた心理学』を出版し、志向性の概念を練り上げ、現象学の創始にも大きな影響があった。オーストリアのグラーツ大学の哲学教授であったアレクシウス・マイノング（A. Meinong, 1853-1920）の教え子には、クリスチャン・フォン・エーレンフェルス（C. M. von Ehrenfels, 1859-1932）がおり、その論文「ゲシュタルト質について」（1890）はゲシュタルト心理学の先駆とされる。無意味綴りを用いて記憶研究を行ったヘルマン・エビングハウス（H. Ebbinghaus, 1850-1909）はベルリン大学に心理学実験室を設立した人であり、ベルリン大学は後にゲシュタルト心理学の中心地となる。

2-2　フランスの状況

　フランスでは、精神病理学的な興味が強かった。そもそも、精神疾患を悪魔にとりつかれたものではなく、治療の対象であるとしたのはフランスのフ

ィリップ・ピネル（P. Pinel, 1745-1826）であった。動物磁気による治療を唱えたフランツ・アントン・メスメル（F-A. Mesmer, 1734-1815）は、催眠現象の先駆者としても見られている。ドイツ生まれでウィーン大学で医学を修めた彼は、ウィーンで活動していたが、パリにも活躍の場を求めていた。テオデュール・リボー（T-A. Ribot, 1839-1916）も後期には催眠に興味を持った。

ジャン＝マルタン・シャルコー（J-M. Charcot, 1825-1893）が催眠を用いてヒステリーの意識の解離について検討を行っており、今日で言うところの精神療法の始まりともいえる取り組みがなされていた。シャルコーのサルペトリエール病院に、アルフレッド・ビネ（A. Binet, 1857-1911）、フロイトなど多くの研究者が訪れ、大きな影響力を持つことになった。知能検査を開発する以前のビネは多重人格やフェティシズムについて興味を持っていた。そして、フロイトはオイゲン・ブロイラー（E. Bleuler, 1857-1939）との共同研究を経て精神分析へとつながっていくのである。

また、社会心理学の先駆的研究が行われたのもフランスであった。すなわち、ル・ボン（G. Le Bon, 1841-1931）による群衆の研究やタルドによる模倣の研究などが行われていた。

2-3 アメリカの状況

アメリカには、ヴントとならぶ近代心理学設立の功労者であるウィリアム・ジェームズ（W. James, 1842-1910）がいる。ジェームズはアメリカ機能心理学の祖とも言うべき人物である。ジェームズはその大著『心理学原理』（1890）の中で、純粋自我、精神的自我、物質的自我とならんで社会的自我の概念を提起した。また、自己を2つの側面、Iとmeに分けて考える考え方は社会心理学を含む心理学全体に大きな影響を与えた。機能心理学はハーバード大学のジェームズのほか、シカゴ大学のジェームズ・エンジェル（J. R. Angell, 1869-1949）などによって推進され、その弟子にあたるジョン・ワトソン（J. B. Watson, 1878-1958）が行動主義宣言を行うにいたる。また、試行錯誤学習で知られたエドワード・ソーンダイク（E. L. Thorndike, 1874-1949）

図 2-2　スタンレー・ホール
（1844-1924）

もコロンビア大学において、シカゴ大学とならぶ機能心理学を展開していた。

なお、アメリカからドイツへの留学生は数が多く、最初のアメリカ人の助手としてヴントのもとで研究したスタンレー・ホール（G. S. Hall, 1844-1924）は、帰国後にジョンズ・ホプキンズ大学に心理学実験室を設立して後進を育て、その後クラーク大学学長としても心理学の発展に尽くした。さらにヴントのもとで 1886 年に最初に博士号をとったジェームズ・キャッテル（J. M. Cattell, 1860-1944）を始めとして、アメリカ帰国後の各地に心理学実験室を創設し新しい科学としての心理学を伝えた。それだけでなく、イギリス人のエドワード・ティチナー（E. B. Titchener, 1867-1927）やドイツ人のヒューゴー・ミュンスターバーグ（H. Münsterberg, 1863-1916）など、ヴントの弟子たちもアメリカに渡って心理学を普及するのに一役買っている。

2-4　イギリスの状況

人類学的な関心もしくは生物測定学的な関心から身体各部位の計測を個人ごとあるいは親子ペアで行っていたのがフランシス・ゴルトン（F. Galton, 1822-1911）であり、回帰方程式や相関という概念を明確なものにした。彼は今日的な意味での学者ではなかったが、非常に広範な関心を持って観察し、それを測定することを行っていた。気象図の気圧の表し方や指紋による個体識別は彼によって開発されたものである。ゴルトンは2つの変数の関係を簡易化して表すことにも関心を持っていたから、相関係数の開発にいたったのであろう。カール・ピアソン（K. Pearson, 1857-1936）やウィリアム・サーストン（W. P. Thurston, 1946 –）が相関の概念を拡張・展開し、特に、複数変数の相互相関を概念的かつ数式的に有意味な構造に圧縮する方法が開発され、

それは因子分析というかたちに結実した。なお、ゴルトンは「eugenics」（優生劣廃学）という語を創案し、優れた者を生かし、劣った者を排除するという考え方を示し、それを多くの心理学者が後押しすることになった。しかし、こうした考え方は後に反省されることになった。

3　国際的交流の始まり

3-1　国際学会の誕生

さて、ここまではヴントの心理学を一つの画期点として捉えた上で各国における同時代のさまざまな心理学者たちの活動を見てきたが、彼らは最初から心理学者として活動していたわけではない。心に関する実証的な研究を行う志向が彼らを結びつけていたのである。そして、こうした志向を持つ者たちは、一堂に会する機会を求めるようになった。それはまず、国際生理学的心理学会議という名称で1889年のパリで実現した。第2回は、国際実験心理学会議と名称変更され、第3回からは国際心理学会議として行われた。

表2-4　国際的な会合の初期の様相

年	名称	国	都市	主催者
1889	第1回国際生理学的心理学会議	フランス	パリ	リボー
1892	第2回国際実験心理学会議	イギリス	ロンドン	シジュウィック
1896	第3回国際心理学会議	ドイツ	ミュンヘン	シュトゥンプ
1900	第4回国際心理学会議	フランス	パリ	リボー
1905	第5回国際心理学会議	イタリア	ローマ	セルジ

表注1　以下第6回（スイス・ジュネーブ）、第7回（イギリス・オックスフォード）、第8回（デンマーク・コペンハーゲン）と続き、ヨーロッパ以外で最初に行われたのは1929年の第9回大会（アメリカ・イェール）であった。アジアで最初に行われたのは1972年の第20回大会（日本・東京）であり、アフリカ大陸では未だ開催されていない（2012年開催予定）。2016年の大会は日本（横浜）で開催される。
表注2　アメリカでは1892年にホールの提唱によって、アメリカ心理学会が設立されている。

こうした国際心理学会の開催状況は、この時期は一つの国の国内だけでは心理学者が集まる意味が無かったことを反映している。日本で言えば東大にしか心理学者がいない時期（1905年まで）に日本心理学会のような国内学会が設立されなかったのと同じことであり、各国の心理学者は周辺諸国の心理学者と集う必要を感じていたのであろう。

3-2　学術雑誌の刊行

次に心理学に関係する学術雑誌の発刊状況について見てみると、表2-5のようであり、ベイン（A. Bain）による学術雑誌の発刊が先駆的なものとして注目される。ベイン自身はイギリス連合主義の流れは汲みつつも実験研究には踏み出していなかったのであるが、この雑誌を舞台に心理学に特化した論文が公刊されたことは、近代心理学の成立に大きな影響を及ぼした。

表 2-5　心理学関連雑誌の創刊

年	雑誌名	国	創刊者
1876	『マインド（Mind）』	イギリス	ベイン
1881	『哲学研究（Philosophische Studien）』	ドイツ	ヴント
1887	『アメリカ心理学雑誌（American Journal of Psychology）』	アメリカ	ホール
1890	『心理学感覚生理学雑誌（Zeitschrift für die Psychologie und Physiologie der Sinnesorgane）』	ドイツ	ヘルムホルツら
1894	『心理学評論（Psychological Review）』	アメリカ	キャッテルら
1894	『心理学年報（L'Anée psychologique）』	フランス	ビネら

表注　日本では、1912（大正元）年に『心理研究』が創刊されたのが最初である。

3-3　実験室の設立

次に各国における心理学実験室の設立についてまとめてみると、表2-6のようになる。

表 2-6　初期における心理学実験室の設立

年	大学	国	設立者
1879	Leipzig University	ドイツ	ヴント
1881	Johns Hopkins University	アメリカ	ホール
	Göttingen University	ドイツ	ミュラー
1885	University of Rome	イタリア	セルジ
1886	University of Berlin	ドイツ	エビングハウス
	University of Copenhagen	デンマーク	レーマン
	Kazan University	ロシア	ベヒテレフ
1889	Sorbonne University	フランス	ビネとボーニス
	University of Toronto	カナダ	ボールドウィン
	University of Munich	ドイツ	シュトゥンプ

表注1　イギリスで最初の心理学実験室の設立は、サリー (J. Sully, 1842-1923) によるもので、1897年、ロンドンの University College に設立された。

表注2　日本では、1888年に元良勇次郎が東京帝大内の一室を実験室として使用したのが実験的研究の始まりであるが、独立の実験室が設立されたのは1903年である。

4　心理学の深化

　ヴントの心理学史上の業績は、どのように受け継がれ、どのように批判されていき、どのように展開していったのだろうか。

　従来の心理学史書はヴントの実験心理学設立が批判されるという描き方であり、応用領域との関連も曖昧であったが、ここでは、実験パラダイムの確立、批判的三大潮流、応用領域の拡張という3つの領域に分けて考えてみたい。そして、これら3つを相互に連関あるものとして有機的に描いていきたい。

4-1　実験パラダイムの確立

　ここでパラダイムとは、考え方というよりも手続きを重視した概念である。学問の内容が更新されるのは、常に新しい研究の方法が工夫され、新しい知

見が見いだされるからである。研究の方法と知識とが兼ね備わってこそ、ある学問の内部で新しいものとして認められるのである。

ヴントがまとめあげた実験心理学をかなり忠実に継承し、次世代に継承するための整備をしたのがエドワード・ティチナー（E. Titchener）であった。彼は実験という方法を重視してその方法論を整備し、自身の心理学の内容を構成心理学（structural psychology）と称した。彼が著した『実験心理学』（1901-1905）は2冊がインストラクター用、2冊が学生用になっており、いわゆる基礎実験や実験実習のひな形を作ったのはティチナーであり、この本なのである。「実験室で研究する人々も知らず知らずのうちにティチナーが研究を行うために推進した規則に従っている」という評価さえあるくらいで（Popplestone & McPherson, 1999）、ティチナーが心理学実験や心理学教育に与えた影響は大きなものがあると言える（高砂, 2003）。

4-2 批判的三大潮流

量的・質的に拡大をとげた心理学は、その対象や方法論も拡張していった。ヴントの心理学に対する体系的な批判としては、行動主義、精神分析、ゲシュタルト心理学があげられることが多い。また、対象の拡大という意味では、応用心理学が発達していった。

4-2-1 行動主義

ワトソンは「行動主義者のみた心理学」という題の論文を発表し、行動主義という立場を明確にした（Watson, 1913, p.158）。ただし、こうした考えは彼以外にも多くの人に共有されていた。行動主義はイワン・ペトローヴィチ・パブロフ（I. P. Pavlov, 1849-1936）の条件反射説から大きな影響を受けているが、ワトソンがシカゴ大学のエンジェルのもとで学んでいたことからわかるように、機能主義の影響も大きい。ワトソンの行動主義は現在では古典的行動主義と呼ばれるが、その特徴には客観主義、末梢主義、S-R主義、環境主義などが認められる（高砂, 2003）。環境主義は人間の成長や発達の原因

が遺伝ではなく、外部環境にあるとする考え方であり、ジョン・ロック（J. Locke, 1632-1704）に始まる経験論的考え方の一つの究極の在り方であるとも考えられる。

なお、ロシアでは1904年にノーベル医学・生理学賞を受賞した生理学者パブロフが条件反射の現象を見いだしている。ワトソン自身もアメリカ心理学会で行った会長講演

図2-3　ワトソン（1878-1958）

「心理学における条件反射の位置」（1915）においてパブロフ学説の解説を行っていることからも、パブロフ学説が行動主義に与えた影響の大きさを見ることができる。

なお、ワトソンはアルバート坊やの情動条件づけの研究を行い、恐怖が条件づけされることを示した。このことは（逆に考えれば）恐怖のような感情も消去可能であることを示したものであるから、行動療法の基本的考え方はワトソンによって整備されたといってよい。

4-2-2　ゲシュタルト心理学

意識を要素に分けた上でその統合を考えるのではなく、全体的なものとしての意識のあり方に関心を寄せたのは、グラーツ大学の哲学教授であったマイノングたちであり、グラーツ学派と呼ばれた。マイノングの弟子にあたるエーレンフェルスは、メロディーがそれを構成する一つ一つの音のまとまりなのではなく、全体としての新しい何かであるということを示すために「ゲシュタルト質について」という論文を発表した（1890）。ゲシュタルトとは形態を意味するドイツ語であるが、英語や日本語には訳されずゲシュタルトと表記されることが多い。運動の知覚からゲシュタルトの問題に切り込んだのがマックス・ヴェルトハイマー（M. Wertheimer, 1880-1943）であり（Wertheimer, 1912）、実際には動いていない線や点が時間差をおいて点滅すると、人がその2つに動きを知覚する現象（仮現運動）について研究を行った。ヴェルトハイマーが在籍していたベルリン大学には、クルト・コフカ（K.

Koffka, 1886-1941)、ヴォルフガング・ケーラー（W. Köler, 1887-1967)、クルト・レヴィン（K. Lewin, 1890-1947）がおり、それぞれゲシュタルトの考えをさまざまな場面に適用していった。ケーラーは、テネリフェ島（カナリア諸島）の類人猿研究所において、チンパンジーの洞察学習の研究を行い『類人猿の知能検査』（1917/1921）を著した。レヴィンは人間集団の研究に向かい、グループ・ダイナミクス（集団力学）という考えを切り開いた。この考えは感受性訓練などを通じて臨床的分野へと広がっていったし、学級の研究など教育心理学にも影響を与えた。また、亡命したアメリカでは政治的・社会的問題にも関心を寄せ、アクション・リサーチを提唱した。レヴィンは非常に快活で多くの弟子や仲間を育て、アメリカ社会心理学の源流の一人となった。

4-2-3 精神分析

精神分析は、フロイト（S. Freud, 1856-1939）によって唱導された。フロイトはウィーン生まれのユダヤ人であり、ヒステリーの研究と治療法に携わる中で自らの理論を作っていった。彼はシャルコーのもとでヒステリー患者に対する催眠療法を行っていたのだが、催眠に一定の効果を認めつつも、患者に自由に語らせる自由連想法の方が効果的だと考えたのである。その後さらに患者が夢を語ることに意味を見いだし、夢分析も行っていく。夢は無意識の欲望あるいは願望の形を変えた表現であり、満足の一形態であるという考えから「夢は無意識の王道」であるとした。

彼の理論は無意識による人間行動の説明に最大の特徴がある。また、性エネルギーを「リビドー」という概念によって説明し、リビドーの発達には幼児経験が重要であることを示唆した。フロイトの理論は生物学的な色彩も強いが、幼児期

図 2-4　フロイト（1856-1939）

の体験を重視するという意味で経験主義的であった。彼の説はヨーロッパでは注目されなかったが1909年にアメリカで講演を行うと大きな影響力を及ぼし、力動精神医学の基礎ともなった。フロイトの思想の変化を追うことは簡単ではないが、著作を時間順に追っていくことで見ておきたい（表2-7）。

表2-7 著作から見たフロイト研究の流れ

ヒステリー研究期	1895	『ヒステリーの研究』
精神分析確立期	1900	『夢の解釈』
	1905	『性欲の理論に関する3論文』
理論改訂期	1920	『快感原則の彼岸』
	1923	『自我とエス』
文明論の時期	1927	『幻想の未来』
	1930	『文明とその不満』

彼の思想は、多くの弟子（破門関係も含む）によって育まれて発展することになる。ただしフロイトが最も期待をかけていたカール・ユング（C. G. Jung, 1875-1961）は、フロイトの性的本能を中心にする考えに反対して離反した。アルフレッド・アドラー（A. Adler, 1870-1937）は個人心理学の流れを作った。娘のアンナ・フロイト（A. Freud, 1895-1982）は児童を対象にする心理療法を推し進めていった。さらには、ハインツ・コフート（H. Kohut, 1913-1981）の自己心理学などさまざまな流れがある。

フロイトの学説には家父長制の影響や男性中心的な視点などその当時の時代による制約もあるが、弟子たちの一部はそれを乗り越えようとしている。

5 応用領域の広がり

5-1 検査心理学

現在の日本では、知能検査は mental test の訳として定着しており、どちらかというと発達、臨床分野の範疇(はんちゅう)に入るものだと思われている。しかし、

実験心理学の技術を精神の科学的理解に応用したという意味で、実験心理学の活躍の場が広がったという側面を持っていた。

精神を科学的に理解し測定しようという試みは、骨相学や頭蓋計測学というかたちでも行われていたが、成功することはなかった。19世紀半ばに近代心理学が成立すると、そこで行われている実験によって個人差を測定しようという試みが現れた。キャッテルは初めて「mental test」という名称を用いて、いくつかの実験を組み合わせてテストバッテリーを作ってみたが、失敗に終わった。こうしたテストが要素主義的であるとして、子どもの知能の全体像を捉えようとしたのがフランスの心理学者、ビネであった。

ビネは、フランスの教育界で特殊教育を受ける知能遅滞児の選抜の方法論が不備であることをふまえ、客観的な指標作りの重要性を唱えて医師のテオドール・シモン（T. Simon）と共に検査を開発したのである。彼は子どもの知能を要素の集まりとして捉えるのではなく、推理などを捉えようとした。また、子どもの知的な発達が年齢と共に上昇するということに着目し、年齢ごとの基準を設けた。彼が開発した検査は大きな注目をあび、多くの国で翻訳された。

しかし、ビネが1911年に死去すると、その後の開発はそれ以外の心理学者に委ねられることになり、結果としてビネの意図するところとは異なる開発が行われていった。特に、ヴィルヘルム・シュテルン（W. Stern, 1871-1938）が創案しルイス・ターマン（L. M. Terman, 1877-1956）が実用化した知能指数（IQ）という指標は、ビネが考えたこととは異なっていることには注意を要する。また、軍隊の兵士の中から下士官を選抜するための検査は、それまでの個別検査ではなく集団式のものに変容した。そして、デビッド・ウェクスラー（D. Wechsler, 1896-1981）は、より広い年齢層に適用可能な知能検査を開発し、その結果を知能偏差値によって表現することを提唱したのである。また、ゴルトンが創案した相関係数を数学的に洗練させ潜在構造（因子）を推定する方法がチャールズ・スピアマン（C. Spearman, 1863-1945）らによって開発され（因子分析）、知能検査のみならず性格検査、検査のみならず性格心理学や社会心理学の質問紙法、さらには心理学のみならず社会学などの社

会科学一般のデータ分析法に大きな影響を与えることになった（表2-8）。

表2-8　知能検査関連年表　(サトウ, 2003)

1869	ゴルトン	『天才と遺伝』を出版
1890	キャッテル	メンタル・テストという語を作り項目を整備
1904	スピアマン	知能の二因子説の提唱
1905	ビネ	シモンと共同で、実用に耐える知能検査の開発
1908	ビネ	知能検査改訂版で結果の表示を精神年齢で表記する
1912	シュテルン	知能指数という概念と知能指数算出の公式を創案
1916	ターマン	ビネ＝シモン式検査を改変して結果表示を知能指数にする
1917	ヤーキス	陸軍で集団式の知能検査を開発
1939	ウェクスラー	新しい知能検査の作成。知能偏差値による結果表示を導入

5-2　臨床心理学

　心理学に clinical という概念を導入したのは、ライトナー・ウィットマー (L. Witmer, 1867-1956) である。彼は大学卒業後に中学校の教師をした後で大学院に進学し、その後さらにドイツ留学を果たしヴントのもとで博士号を取得した。帰国後、ペンシルバニア州立大学に心理学的クリニックを設置した (1896)。さらにそのクリニックでの活動を大学院の単位として認める制度を作り、研究と実践とをバランスよく遂行するカリキュラムを整備したのである。1907年には『心理学的クリニック (The Psychological Clinic)』と題する学術誌を創刊した。ちなみに彼は、実験室の結果を子どもたちに当てはめるのではなく、実際の子どもたちを見ながら行う心理学が重要で、それを clinical な心理学と言うことにしたのである。
　また、ワトソンなど行動主義の人々が、異常行動を行動形成の側面から検討したことは、その消去方法を考えることにもなるから、行動療法を発展させることになった。
　カール・ロジャーズ (C. R. Rogers, 1902-1987) が『問題児童の臨床的治療』(1939) を著すなど、臨床心理学の分野では知識の体系化が進んだ。インターンシップを含む訓練方法が確立したのもこの頃で、オハイオ州のウースタ

一州立病院では第二次世界大戦後までに 100 人ほどが臨床心理学の訓練を受けていた（Capshew, 1999）。こうした流れが戦後のアメリカで臨床心理士の資格や訓練の整備が進展する土台になっていたのである。すなわち、1949 年にコロラド州・ボールダーで臨床心理学の訓練に関する包括的な会議が開かれ、科学者－実践者モデルが提唱されることになったのである。

　前出のホールもまた、臨床心理学にとって重要な人物である。彼は発生的観点からの発達心理学を志向していたが、フロイトの精神分析にも理解を示し、1909 年のクラーク大学 20 周年記念カンファレンスにフロイトやユングなどを招いて講演をさせた。ドイツでは嘲笑さえされることもあった精神分析は、このことがきっかけになってアメリカに受け入れられ、ついには全世界に普及することになったのである。臨床心理学とも調和し、さらに、ロールシャッハの墨班検査（インクブロット）のような投影法的な心理検査法を発展させることになった。

5-3　発達研究

　初期の発達研究は人間という種の発生に興味が向いていたために、子どもに焦点があてられていた。すでに述べたように、この領域を体系化したのは、進化論で有名なダーウィンの友人でもあったプライヤーだった。ホールもまたこの領域を促進したが、彼は単に研究をしただけではなく、児童研究運動を起こし、教師や親が子どもについて知るようにと促していたのである。また、ホールは多くの弟子を育て、アーノルド・ゲゼル（A. L. Gesell, 1880-1961）、ヘンリー・ゴダード（H. H. Goddard, 1866-1957）やターマンなど、発達研究や発達検査、知能検査の開発に力を尽くした人が多い。

　スイスのジャン・ピアジェ（J. Piaget, 1896-1980）、ロシアのレフ・ヴィゴツキー（L. S. Vygotsky, 1896-1934）も発生的観点から子どもの発達に興味を持っており、ピアジェは 3 人の子を観察し、用意周到な実験を構成して子どもの認識の発達について感覚運動段階、前操作的段階、具体的操作段階、形式的操作段階という 4 段階からなる認知発達段階説を唱えるなど、多くのこと

を明らかにした。構造主義者としても有名である。ヴィゴツキーは37歳で早世したが、人間の精神機能を低次・高次に分け、高次精神機能の特徴が「道具による媒介されること」と「文化・社会的な起源を持つこと」であることを強調し、今日の文化・歴史的アプローチの基礎を作った。内言－外言、発達の最近接領域など、21世紀になって再評価されるような概念枠組みを作って発達という現象を理解しようとした。

5-4 個人差や性格

1920年代頃、人間の性格上の個人差に注目が集まった。これは精神医学において病前性格が注目されたこと、軍隊において神経症的傾向を持つ者を排除しようとしたこと、知能検査の技術を性格に転用しようとしたこと、などが複合的に関係していると思われる。

性格に関していえば、類型論がエルンスト・クレッチマー（E. Kretschmer, 1888-1964）やユングによって唱えられていた一方で、ゴードン・オルポート（G. W. Allport, 1897-1967）によって特性論が主張され、戦後の性格心理学の興隆を準備していた。

6 第二次世界大戦後の心理学 —— アメリカ心理学の隆盛

第二次世界大戦後の心理学は、アメリカを中心として展開する。その理由の一端は、ゲシュタルト心理学の立役者をはじめとするユダヤ人心理学者たちがナチス時代にアメリカに移住していたことや、精神分析がヨーロッパよりもアメリカで受け入れられたことに求められる。もちろん、行動主義の発祥の地はアメリカであり、行動主義も大いに発展したのである。つまり、ヴントの心理学を批判的に継承した3つの流れが、第二次世界大戦後のアメリカに結集したかたちとなった。また、アメリカには大学（カレッジやユニヴァーシティ）といった高等教育機関の数がヨーロッパより格段に多かった

ら、心理学者がアカデミックポストを得る土壌が整っていたともいえる。

6-1　新行動主義

　自らを行動主義者として規定し、心理学を自然科学における純粋に客観的で実験的な一分野として位置づけたワトソンの考え方は、新行動主義と呼ばれる第二世代にも引き継がれていった。しかし、この新行動主義は、物理学における操作主義の影響を受け、操作的定義を行うことで独立変数である環境刺激と従属変数である行動の間にさまざまな媒介変数を導入するエドワード・トールマン（E. C. Tolman, 1886-1959）やクラーク・ハル（C. L. Hull, 1884-1952）のものと、内的概念についての記述を行わず環境の側の随伴性の記述を重視するバラス・スキナー（B. F. Skinner, 1904-1990）のものとに大きく二分されることになった。ハルは仮説演繹的な説明を重視し、習慣強度や反応ポテンシャルなどの概念を用い、さらに強化の動因低減説を唱えた。トールマンは巨視的な視点からの行動主義を標榜し、目的的行動を重視した。期待や仮説、信念、認知地図などの媒介変数を導入することで認知心理学への道筋をつけたといえる。スキナーは行動をレスポンデントとオペラント（前者は受け身的、後者は自発的）行動に二分した上で、オペラント条件づけの原理や強化スケジュールについて検討を行った。また、オペラント条件づけの原理は、ティーチングマシーンや行動療法の一つである行動形成の開発にも影響があった。

6-2　人間性心理学

　戦後のアメリカで第三の心理学として立ち上がったのが人間性心理学である。第一・第二の心理学とは、行動主義と精神分析のことを指している。
　人間性心理学に影響を与えたのは実存主義の考え方で、ドイツ・ナチスの政策によりアウシュビッツ強制収容所に収容されたヴィクトール・フランクル（V. E. Frankl, 1905-1997）がその体験を著した『夜と霧（邦訳題）』（1947）

が代表的なものである。人間性心理学の代表的な人物であるエイブラハム・マズロー（A. H. Maslow, 1908-1970）は人間には自己実現を求める傾向があるとし、また、欲求階層説を作った。ロジャーズは第二次世界大戦前の著書『カウンセリングと心理療法』（1942）でクライエント中心療法を唱え、顧客を意味するクライエントという語を用いるようにした。戦後にはクライエント中心療法を非指示療法と呼ぶようになり、クライエントの自己実現を重視するようになった。なお、ロジャーズはカウンセリング過程を録音して聞き直しその分析を行うなど、心理療法の研究や訓練法の開発にも力を注いだ。

6-3　臨床心理学

1953年、向精神病薬であるクロールプロマジンが開発され、統合失調症患者の妄想や幻覚など、いわゆる陽性症状が劇的に抑えられることになると、心理療法の対象は精神病患者よりも神経症レベルの患者へと移行することになった。初期に最も期待されたのがフロイトの精神分析に依拠する精神力動論的な心理療法であった。

ところが、その後は効果測定の問題が関心を持たれるようになり、イギリスのハンス・アイゼンク（H. J. Eysenck, 1916-1997）が、特に精神分析の治療効果に対して批判的検討を加え、精神分析やその他の心理療法を受けた群が神経症から回復した率は自然寛解の率とほぼ同じであり、効果は高くないという見解を明らかにした（Eysenck, 1966）。アイゼンク自身は臨床活動に従事しなかったが、行動理論に基づく行動療法こそが心理療法の中心になるべきと考えていた。

6-4　認知心理学

コンピュータが開発され、情報理論が整備され始めると、人間の知的側面への関心が心理学の中で認知心理学として大きな流れを作り出すことになった。行動主義が力を持っていた時代には認知という内的なプロセスを取り扱

うことは難しかったが、状況が動いた。この流れは後には脳科学の発展と歩調を合わせ、人間の心的活動と脳内活動の関連が検討されるようになる。

ウルリック・ナイサー（U. Neisser, 1928- ）の『認知心理学』（1967）は、認知心理学という名称を打ち立てた金字塔的な著作であるが、それ以前の文脈として、数学者ノバート・ウィーナー（N. Wiener, 1894-1964）の『サイバネティクス』（1948）、ジョージ・ミラー（G. A. Miller, 1920- ）・ユージン・ギャランター（E. Galanter, 1924- ）・カール・プリブラム（K. H. Pribram, 1919- ）の共著『プランと行動の構造』（1960）、などがある。なお、ナイサー自身は『認知心理学』（1967）において、認知過程が受動的なものではないとし、コンピュータをアナロジーとして用いることに一定の歯止めをかけていた。彼は実験室の中での妥当性のみが重要なのではなく、生態学的妥当性を重視するべきだとした。

なお、認知心理学発展の背景には、ピアジェによる発生的認識論の研究やノーム・チョムスキー（A. N. Chomsky, 1928- ）による生成文法説などもあった。エイモス・トゥバスキー（A. Tversky, 1937-1996）とダニエル・カーネマン（D. Kahneman, 1934- ）は認知心理学的な概念や実験手法を経済学に適用し（Kahneman & Tversky, 1979 など）、行動経済学の基礎を築いた（Kahneman & Tversky, 1979）。カーネマンは、不確実性の下での人間の判断など心理学的研究を経済学に導入した業績により、2002年のノーベル経済学賞を受賞した（ノーベル賞は生存者にのみ与えられる）。

6-5　社会心理学と発達心理学

第二次世界大戦は、いろいろな側面で心理学にも影響を及ぼした。ゲシュタルト心理学者をはじめとするドイツ心理学者がアメリカに移住した。レヴィンはその代表的な人物であり、戦時中には食行動を変容させるための研究に関わっていた。戦後はグループダイナミクス研究を発展させ、直接・間接的な多くの弟子を育ててアメリカ社会心理学の黄金期を作った。フィリップ・ジンバルド（P. Zimbardo, 1933- ）、スタンレー・ミルグラム（S. Milgram,

1933-1984) はそれぞれ、疑似監獄実験、疑似電気ショック付与実験によって、ごく普通の人であっても条件が整えば残虐行為をしうる結果を示し、人々に驚きを与えた。ただしこれらの実験では、残虐行動をせざるをえなかった被験者の体験にも焦点があてられ、実験倫理の問題を喚起することとなった。レオン・フェスティンガー（L. Festinger, 1919-1989）は認知的不協和実験パラダイムを開拓した。アルバート・バンデューラ（A. Bandura, 1925-）は模倣や代理学習について検討を行い、社会的学習という概念を提唱した。

戦争は多くの孤児を作り出した。そして、孤児院に収容された孤児たちは問題行動を起こしがちであった。イギリスのジョン・ボウルビー（J. W. Bowlby, 1907-1990）はこうした状況について調査を行い、このような行動の原因は、（子どもたち一人一人の側ではなく）施設の職員の絶対数の不足などに由来する養育の質の悪さに由来するとしてホスピタリズム（施設病）という語を作り、養育施設の改善を訴えた。また、ボウルビーは子どもにとって特定の他者との情緒的結びつきを重視して愛着（アタッチメント）という概念を提唱した。

それまでの親子関係は依存関係と捉えられていたのだが、依存という上下関係を暗示する概念ではなく愛着を用いるようにしたのである。ボウルビーは愛着の成立には安全と安心の感覚が重要だとした。

ボウルビーの考え方は精神分析的な考え方と親和性が高いが、このほかにも精神分析に影響を受けた発達理論がいくつか生まれた。特に、自己の形成や発達における社会・文化的な要因を重視したエリク・エリクソン（E. H. Erikson, 1902-1994）によるアイデンティティ概念は、心理学のみならず社会科学や文化理論にも大きな影響を与えるにいたった。

これ以前の発達理論では、一次的動因（飢えや乾き）の低減のために母子は結びついていると考えられていた。だが、エソロジー的視点からの刷り込みの研究やハリー・ハーロウ（H. F. Harlow, 1905-1981）の代理母実験は、子どもにとっての豊かな養育とは単に食欲を満たすというようなものではないという認識を作っていった。また、こうした研究は、子どもにとっての養育者は実の母親でなくてもいいし、女性でもなくてよいことを明らかにしてい

くことになる。

　教育心理学における教授法の分野では学習者の特性にあった教授方法を工夫する必要がリー・クロンバック（L. J. Cronbach, 1916- ）によって主張され、適性処遇交互作用（ATI）という考えが生まれた。

　以上、歴史は直近のことを語るツール（道具）ではないので、若干物足りないところもあるかもしれないが、現在の状況については述べなかった。次章では、日本の心理学の展開について検討していく。

第3章
近代日本における心理学の受容と制度化

　本章の目的は、近代日本における心理学の受容と制度化について検討することにある。全く新しい学問が成長していくということは学問にとっては単なる発展史であるが、社会の中に地位を占めていくという意味では何らかの社会的事件であるといえる。以下ではこの「事件」についていくつかの側面から検討していく。

　まず最初に近代日本・心理学・受容・制度化ということを簡単に定義づけておきたい。本章での近代日本とは、明治維新から太平洋戦争敗戦までの日本のことを指す。心理学とは、フェヒナーの精神物理学の技術やヴントの体系化によって発展した近代心理学のことを主として指す。受容とは排除でも自発でもないという意味である。外から入ってきたものを育てるなどして普及させていくことである。制度化とは制度を作ることであるが、公的な制度の中に心理学が一定の位置を占めることと、心理学者による自発的な制度の整備という2つの側面がある。前者には大学の中に心理学講座ができることなど、後者には学術誌や学会を整備することなどが含まれる。

　心理学史に限らず歴史というものは現在の姿の理解のために行われるものであるから、まずここで本章の前提となる認識を示しておく（表3-1）。筆者の立場としては、こうした現状を作り出した原因の一端を歴史に求めることができると思われるし、だからこそ歴史を検討する、ということになる。

表3-1　現在の日本の心理学に関する認識

1　（大学での）制度として定着し隆盛している。
2　（特に臨床心理学の）資格に関して混乱している。

1　序論

1-1　本章の基本的視角

次に、本章の基本的視角を2つ示しておく。

まず、外部史的立場である。科学史家・クーン（Kuhn, 1977）は科学史の立場を内部史と外部史に分けた上で、内部史的立場を「知識としての科学の実質に関心を寄せる」もの、外部史的立場を「より大きな文化内部における社会集団としての科学者の活動に関心を持つ」ものであるとした。前者は学説史ともいえ、学問の内部の興味の推移などを記述する志向である。それに対して後者は学問と社会との関係を重視する。また、学問の発展や定着は個人の超人的な活躍によるというよりは制度が整うことの方が重要だという考え方をとる。つまり、外部史的アプローチは、学説史的でもなければ英雄史的でもない、ということが言える。

基本的視角の2つ目は、科学社会学的な視点を持っているということである。特に本章では、学問と社会の関係を考える視点としてギボンス（Gibbons, 1994）のモード論という考え方に依拠している。モード論は科学社会学における知識生産について扱う議論であり、モードとは行動様式のことである。研究と実践、基礎と応用というような学問の2分法を措定するのではなく、学範（discipline の訳）内の知識生産を目指すモードと、社会問題を解決するための知識生産を目指すモード、があると考えるのである。モード論については小林（1996）や拙論（佐藤, 1998; 2000; 2001; 2002）を参照されたい。

1-2　日本における心理学前史

まず前史を検討していく。心理学が本当に日本の外にあったものなのか、

自発的に日本に発したものではないのか、ということである。詳細は略すが、日本が鎖国状態にあった江戸時代までは、今日の心理学に直接つながるような知識や学問体系は日本に存在しなかった。江戸後期の学者・鎌田鵬(ほう)のように心や精神を経験的に捉えようとした人がいなかったわけではない。だが、それは当時の自然科学的な洋学に依拠しつつ心を考えようという側面は持っていたものの、彼や彼の弟子筋が心理学に興味を持って受容のために何かをしたということはなかったようである。つまり、鎌田の興味とその後西洋から入ってきた心理学には連続は無く、断絶していたのである。

では、心理学の日本での受容のルートはどのようなものだったであろうか。複数のルートがあった（表3-2）。

まず、心理学に関する内容を哲学の一部として学んだ一人に西周(あまね)がいた。彼は江戸幕府の一員としてオランダに留学した際に実証的な哲学に触れ、その中で「没思古廬爾(ぼしこるじ)」なるものを学んでいた。心理学である。西は明治維新後に明治政府の一員となり、さまざまな仕事をしたのだが、それ以前、1870（明治3）年頃に行われた講義「百学連環」で心理学について紹介していた。また、ジョセフ・ヘヴン（J. Haven）の『Mental Philosophy: Including the Intellect, Sensibilities and Will』を翻訳して『奚般氏著心理学』として出版した。この本は哲学のさまざまな訳語を造語したものとして著名であるが、心理学史として重要なのは、「心理学」が「Mental Philosophy」の訳語だった

表3-2　日本における心理学の受容ルート

	主な人物と経緯	主な内容
1	西周のオランダ留学	→ 精神哲学の紹介。「奚般（ヘプン）氏著心理学」を翻訳出版
2	宣教師の日本布教	→ 同志社英学校における「新知識」としての心理学
3	外山正一のアメリカ留学	→ 東京大学（及び前身校）における「新知識」としての心理学
4	伊沢修二らのアメリカ留学	→ 教師養成のための心理学
5	井上哲次郎のドイツ留学	→ 哲学としての心理学
6	元良勇次郎のアメリカ留学	→ 実証的な心理学

ことである。西において「psychology」は「性理学」と訳されていた。性は性質の性、つまり「nature」であった（第6章参照）。

2つ目としては、日本で解禁されたキリスト教の布教のために来日した宣教師たちが学校を作り、そこでキリスト教のみならず英語や学問を教える中で心理学に関連した内容を教える場合があった。特筆すべき例として新島襄（じょう）が京都に設立したキリスト教系の同志社英学校で開講時（1875）から「性理学」や「心理学」の名称で講義が行われていたことである。

心理学の日本への受容ルートの3つ目は、新知識一般としての心理学である。これはキリスト教や英語を学ぶ中で心理学を扱うことがあるというものであった。たとえば外山正一はアメリカに留学したが、専攻は化学であった。副専攻で哲学を修めたため帰国後に東大で教鞭をとり、そこで心理学についても講じたのであった。東大およびその前身校では初期から理系の学部などで心理学の本が読まれていたが、これは専門科目というよりは英語読解の訓練や新知識紹介という側面が強いものであった。

心理学の日本への受容のルートの4つ目は、師範教育、つまり教師養成の心理学である。明治政府は公教育の充実を重要政策としていたが、それには教師の育成が欠かせない。1875（明治8）年、伊沢修二と高嶺秀夫がそれぞれアメリカに留学し、帰国後は師範学校（現在の筑波大学）において心理学を重視したカリキュラムを作成した。

心理学の日本への受容ルートの5つ目は、哲学である。東大の初代の哲学教授である井上哲次郎は1882（明治15）年にベインの心理学書を翻訳するなどしたが、1884（明治17）年からドイツに留学した。ドイツでは主として哲学を学んだが、井上自身はヴントの心理学にも極めて高い評価を与えていた。

このように、明治期になるといろいろな文脈で心理学が受容され始めたことがわかる。しかし、この時期には、いずれも他の領域の一部としての心理学であって、心理学そのものを学ぶための留学があったわけでもないし、心理学の教授が誕生したわけではない。また、重要なことであるが、この時期までに日本で紹介していた心理学は、いわゆる近代心理学ではなかったといえる。日本に近代心理学を導入したのは元良勇次郎（もとら）（1858-1912）であり、彼

のアメリカ留学の成果であった。そしてそれこそが6つ目のルートなのである。元良勇次郎については本書第Ⅲ部、第7章で取り上げるが、ここでは彼が導入した精神物理学について述べたい。

2　元良勇次郎の精神物理学と心理学の制度化

2-1　日本の心理学の制度化

　元良は1883（明治16）年、アメリカに単身留学し、ジョンズ・ホプキンス大学でホールに師事し、実験に基づく心理学＝近代心理学を学び、博士号を取得して1888（明治21）年帰国した。そして同年帝国大学（現・東大）にて精神物理学の講師となった。この時期からリズムの研究など実験的研究も始めた。1890（明治23）年には帝国大学教授となった。単に講義をすることと、実際に研究をしたり研究のやり方を教えることは異なる。ここにおいて、日本の心理学界には自発的研究や教育のできる教授が誕生したといえるのである（第7章参照）。

　1893（明治26）年には、大学の組織改編が行われ「心理学・倫理学・論理学」講座が2つ成立した。そして元良は第一講座の教授となった。なお、同第二講座には、イェール大学に進学して博士号を取得し、1890（明治23）年に帰国した中島力造が就任した。心理学と倫理学に明確に分かれていたわけではなく、両者とも「心理学・倫理学・論理学」全般に興味を持って業績を重ねた。帰国後の元良は心理学の制度化を一身に背負っていたといえる。ただし、こうした制度化は元良が推進したと言い切れるわけではなく、元良を含む文学部（文科大学）の教員たちが心理学を含むさまざまな学問を制度化した中に心理学も位置づけられていたにすぎないと捉えておく必要もある。表3-3では、「帰国直後の元良が経験した心理学の制度化」となっているが、それは元良が主体的に推し進めた制度化なのかどうかが不明だからである。

表3-3　帰国直後の元良が経験した心理学の制度化

1888（明治21）年	帝国大学にて精神物理学の講師となる。教育だけでなく実験研究も行う。
1890（明治23）年	帝国大学教授に就任。自発的研究や教育のできる教授の誕生。
1893（明治26）年	「心理学・倫理学・論理学」第一講座が作られその教授となる。

さらに心理学の公的制度化といえるいくつかの出来事があった。

1900（明治33）年、松本亦太郎（またたろう）が東京高等師範学校教授（現在の筑波大学）に就任する。松本は元良の弟子であるが、アメリカに私費で留学してラッドやスクリプチュアに師事し博士号を取得し助手に就任した。そこに公費留学の命が降り、その後ドイツではヴントに師事した。帰国後に東京高等師範学校教授となった。心理学の教授職は、東京高等師範学校において広い意味での教育心理学の担当として用意されたのであった。1901（明治34）年、帝国大学大学院生の塚原政次が児童心理学研究のために初の国費留学に出発した（帰国後は広島高等師範学校（現在の広島大学）に着任予定であり実際に着任した）。ここでは、他の学問に比べるとかなり遅いこと、「心理学」ではなく「児童心理学」だったことに注目しておきたい。ここまで、元良、松本、塚原が留学からの帰国後に心理学関連職に就いたと紹介してきたので、彼らの留学スタイルなどについて比較しておく（表3-4）。

表3-4　元良、松本、塚原の留学の形式

氏名	期間	経費	帰国後の就職
元良勇次郎	1883-1885	私費 → 青山学院（私立）	→ 帝国大学（東京帝大）
松本亦太郎	1896-1900	私費 → 公費東京高等師範学校	→ 京都帝大 → 東京帝大
塚原政次	1901-1903	公費 → 広島高等師範学校	→ 広島文理大

1903（明治36）年には東京帝大（現・東大）で独立家屋としての精神物理学実験室が設立された。実験室の設立や機材の準備については松本の尽力が大きかったといえる。そして、1904（明治37）年、東京帝大に心理学専修が成立した。哲学ではなく心理学の卒業論文を提出し、心理学の論文として評

価されることが可能になったのである。翌年、第一期の心理学専修生が誕生する。この中には後の東京帝大教授・桑田芳蔵がいた。また、2・3期生には倉橋惣三や上野陽一など、後に心理学通俗講話会を作り『心理研究』を発刊するのに力を尽くした人たちがいた。

2-2　明治末期の心理学制度の広がりと混乱

　次に、制度化の広がりと混乱の時期に入っていく。
　まず、1906（明治39）年、東京帝大に次いで2番目に京都帝大に心理学講座が設立され、松本が心理学講座教授となった。さらに東京帝大では1908（明治41）年、福来友吉が東京帝大助教授になった。大学での心理学担当者が3倍（といっても3人）に増えたわけである。福来の専門は催眠・臨床で、当時の言葉では変態心理学であった。つまり、日本の心理学は極めて初期に、元良の心理学、松本の（広義の）教育心理学、福来の変態心理学、という三本立ての時期を迎えたのである。
　さらに、心理学に関する自発的制度も整備されていく。自発的な制度とは心理学者たちが自分たちの判断で作っていく制度のことで、具体的には学会や学術誌のことである。少し時間はさかのぼるが、1900（明治33）年、谷本富らが第4回の国際心理学会に参加した。国際的な心理学者の会に参加することで、世界の心理学との交流が始まったのである。1902（明治35）年には、元良が日本児童研究会の会長になった。児童の研究の総合的研究が必要となっており、その中心人物に心理学者が担がれたわけであるから、児童研究における心理学の重要性がわかる。
　そして1909（明治42）年、心理学通俗講話会が始まった。心理学以外の分野では、この時期までにすでに大学の学問は一般の人たちへの発信を行っていた。たとえば東京数学物理学会などである。
　こうした影響もあっただろうが、心理学通俗講話会の場合には東京帝大で成立した心理学専修の第2・3期生が中心になったというところに特徴がある。倉橋惣三や上野陽一といった人たちである。自分たちが修めた学問を世

間に発信したい、役に立ちたいという気持ちの表れだったのではないだろうか。顧問は元良・松本・福来が務めていた（図8-1参照）。なお、この会は非常に好評であり、講演内容を出版した『心理学通俗講話』の売れ行きも好調であったことから、新しいかたちの雑誌を出版する話につながった。1912（大正元）年、『心理研究』が発刊されたのである。この雑誌は、読者の質問コーナーがあるなど完全な学術誌ではなかったとはいえ、日本人心理学者の講演や研究、外国の心理学説の翻訳や紹介が行われ、日本初の心理学の学術誌として恥じない内容であった。

　このように、日本の心理学は公的制度としても、自発制度としても順調に発展をとげていた。ところが、1912（大正元）年に元良が死去したことによって、事態が大きく動いた。元良の後任には1913（大正2）年、松本が東京帝大教授として就任した（京都帝大教授には野上俊夫が就任することになる）。だが、元良のもとにいた助教授・福来は同年東京帝大を休職に追い込まれてしまうことになる。詳しいことはわからないが、彼が催眠研究から「透視・念写」の研究に進んだことがその原因の一端であることは疑いない（第7章参照）。彼は元良存命中から透視・念写の研究を行っていたのだが、その実験結果は控えめに言っても曖昧なものにすぎず、批判が高まっていた。たとえば透視の実験において、目の前で何かを隠してそれを透視するというような単純で公明正大な方法は一度もとられたことが無かったのである。福来はそうした批判を全く受け付けず、透視・念写の存在に固執しており、元良の死後、『透視と念写』という著書を発表したことなどもあり、助教授職の休職を余儀なくされたのである（2年後に退職）。その直後には彼の後任は誰も採用されなかったので、変態心理学発展の芽はつまれてしまい、それは日本において臨床心理学が発展することを阻害したと考えられる。

　東京帝大で助教授職にあった福来が休職となったことは公的制度的には大きな混乱ではあったが、卒業生を中心とした心理学の自発的制度化は進んでおり、そのことが公的制度における混乱の影響を最小限に抑えたといえる。

2-3 大正期以降の大学など教育機関における制度の定着

　さらに公的制度の広がりに目を向けてみよう。大学における心理学の展開である。

　1917（大正6）年、桑田芳蔵が東京帝大助教授となった。この時点で心理学は、松本による実験中心の心理学と桑田の民族心理学の2本立てとなる。京都帝大教授の野上は発達心理学などに理解があった。

　1922（大正11）年、東北帝大法文学部に心理学講座が成立し、千葉胤成（たねなり）が教授となる。最初の学生は黒瀬艶子。日本人の心理学専攻生として最初の女子卒業生（1926）として記憶されてよい。1924（大正13）年、日本大学で心理学専攻課程が、翌年、九州帝大で心理学講座がそれぞれ成立した。また、1926（大正15）年には当時の日本の植民地だった朝鮮半島に京城帝大法文学部で心理学講座が開かれた。日本の心理学は1920年代以降、それまでの東京帝大・京都帝大の二校体制を脱し、制度的に広がったのである。当時の心理学のカリキュラムを調べてみると、「概説」「外書講読」「演習」「実験実習」が4つの柱になっていた。また、「概説」「外書講読」「演習」の内容は大学や時期によって変動していたが、「実験実習」の内容に大きな変動は無かった。授業をすることは制度として定まっていたものの、その科目名や内容は心理学者たちが自発的に決定するものであった。その中に「実験実習」が常に存在するのであるから、その重要性はかなり大きなものとして認識されていたといえる。

　次に大学以外の教育機関における心理学の展開を見てみよう。

　1900（明治33）年、高等学校（旧制）で心理学を教えることが決まった。「心理及論理」という科目名であるから、心理か論理の専任教授が配置されることになった。前述のように1905（明治38）年、広島高等師範学校で心理学教授が誕生した（塚原政次）。1918（大正7）年、警察講習所で心理学担当の講師配置。1921（大正10）年には陸軍学校で心理学担当の教授が誕生した。こうした展開は、大学の心理学卒業生にポストを作り出したという意味でも

重要であった。高等学校の教授職は心理学専攻卒業生の重要な就職先として機能することになり、そこでいくつもの研究が行われたのである。一例として、後に京城帝大教授となる黒田亮が新潟高校教授として「心理及論理」を教え、多くの心理学的研究をしていた。ただし、この職は心理学者か論理学者のどちらか一人が居ればよいということだった（たとえば、哲学者・西田幾多郎がその若き日に第四高等学校（現・金沢大学）にて「心理及論理」を担当して心理学も教えていた）。

2-4　自発的制度 —— 学術誌の整備と学会の成立

再び自発的制度の話に戻ろう。前述の『心理研究』に前後して、心理学に関する学術雑誌がどのように変遷してきたのかについて大枠で捉えておく（表3-5）。現在のように学会があるから雑誌もあるという形式ではないことに留意されたい。また、以下の8誌を含む関連雑誌の刊行状況を発刊・廃刊年と共に表した図を掲載するので参照されたい（図3-1）。

表3-5　心理学関連雑誌の整備

1　総合学術誌・教育関係誌依存の時代（1880『六合雑誌』；1887『哲学会雑誌』）
2　心理学準専門誌の誕生（1912『心理研究』）
3　心理学専門誌分化の時代（1917『変態心理』；1919『日本心理学雑誌』）
4　心理学専門学会誌の誕生（1926『心理学研究』）
5　欧文心理学専門誌の誕生（1930『京城心理学彙報』；1933『Tohoku Psychologica Folia』）

まず、総合学術誌・教育関係誌依存の時代であるが、1880（明治13）年発刊の『六合雑誌』や1887（明治20）年発刊の『哲学会雑誌』（後に『哲学雑誌』）に心理学関連の記事や論文が発表されていた時期があった。特に元良勇次郎などは、この両誌に多くの論考を発表している。

次に、心理学専門誌が誕生した（1912（大正元）年刊の『心理研究』）。この雑誌は完全な専門誌というよりは、準専門誌という位置づけであるが、心理

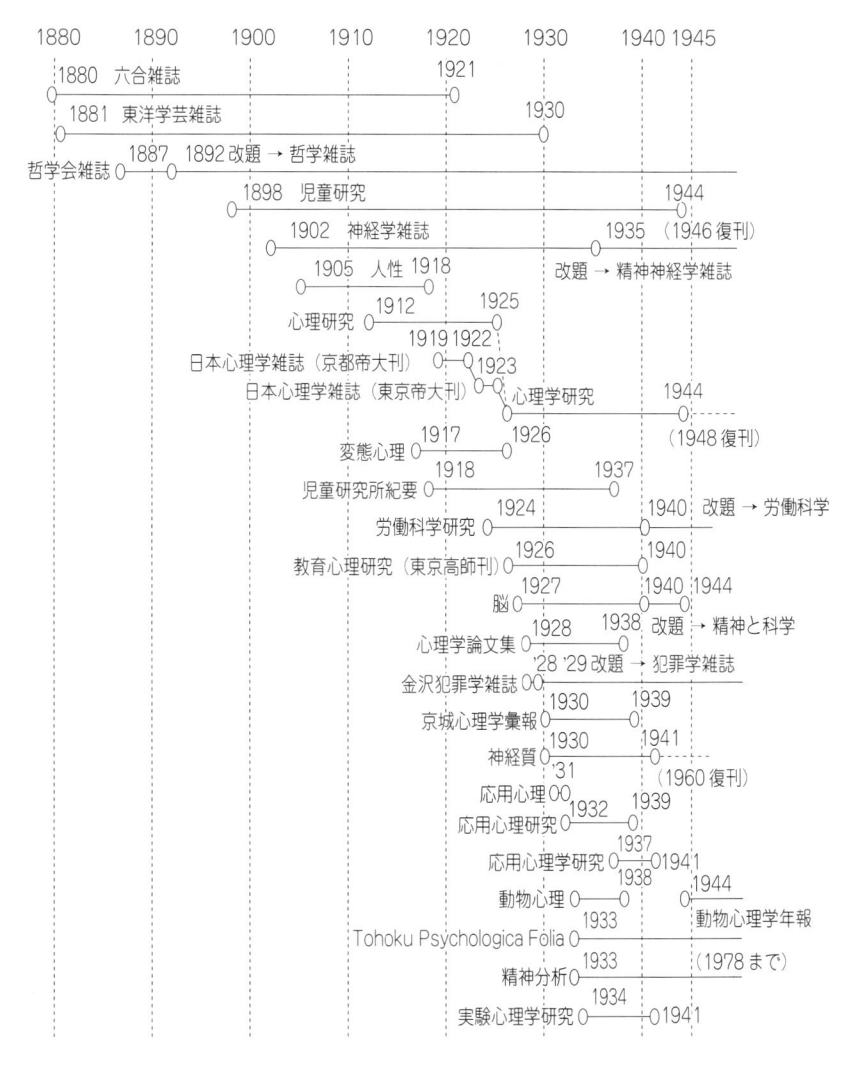

第3章　近代日本における心理学の受容と制度化

図 3-1　戦前期日本の心理学関連雑誌（佐藤, 2002, p.327）

学者にとって自分たちで制度化したホームグランドが成立したことの意義は大きいといえる。

そして、心理学専門誌分化の時代がくる。『心理研究』に加え、1917（大正6）年に中村古峡が『変態心理』を発刊し、また、1919（大正8）年には京都帝大の心理学関係者を中心に専門的学術誌としての『日本心理学雑誌』が発刊された（後に東京帝大から再刊行される）。ただし、この時期の分化の流れはそれほど成功しなかった。そこで、『心理研究』と『日本心理学雑誌』が統合されることになり、1926（大正15）年に『心理学研究』が発刊されることになった。この雑誌は、日本心理学会成立後に同学会の学会誌となる（1927年）。

最後に、欧文心理学専門誌の誕生の時期がある。1930（昭和5）年、京城帝大の黒田を中心に『京城心理学彙報』が、1933（昭和8）年には東北帝大から『Tohoku Psychologica Folia』が発刊され、それぞれ日本の研究を海外に発信する役割を担っていた。また、久保良英など国際学術誌の編集者となる心理学者も現れた。

では、心理学に関する学会はどのように成立したのだろうか。すでに一部は触れたことだが簡単に見てみたい。1926（大正15）年、ある意味で競合状態にあった準学術誌の『心理研究』と純学術誌『心理学雑誌』が統合して『心理学研究』を発刊することになった。しかも、この統合は単なる雑誌の統合に終わらず、さらに一歩進んで、1927（昭和2）年には学術組織としての日本心理学会が成立することになった。また、この年には関西で応用的な心理学に携わっていた心理学者たちが、京都帝大の野上俊夫を会長に関西応用心理学会を作った。これ以後、日本心理学会は2年に1度、関西応用心理学会は1年に2度、学術集会を持つことになる。集まる範囲が狭いとは言え、後者の方が活発に集会を持っていた。1931（昭和6）年には、東京の心理学者を中心にした応用心理学会が、1933（昭和8）年には動物心理学会がそれぞれ成立した。

2-5　昭和戦前期における混乱

　昭和の初期までに心理学者たちは、大学・高校などの公的な制度に一定の地位を占めることになり、学術雑誌や学会という自発的制度を整備するにいたった。ここでは力をつけた心理学者たちが、公的な制度を改変しようとした動きについて検討してみたい。1927（昭和2）年、各高等学校に当時の金額で500円が実験室整備用に措置されたが、これは第一回日本心理学会での決議がもとになっていた。1931（昭和6）年、文部省科学研究費に心理学者が応募可能となったのだが、これも高等学校の心理学者たちの要望を聞いて桑田や塚原が尽力した結果であった。心理学において、この時期までに実践的な活動力を持った自治的制度が成り立っていたといえる。

　1939（昭和14）年には、高等学校の「心理」の教科書をゲシュタルト心理学一色にしようという運動が起こった。これは公的制度内の運用をめぐる紛争であったが、実際には心理学者の内部に世代間の亀裂が生じていたことが原因であろう。リーダーと目された小野島右左雄は当時40歳代。1つ上の世代――東京帝大の桑田などの世代――と争ったのであるが、結果として桑田らに有利な解決がなされた。制度の上でさまざまな駆け引きや争いが起きたのは、良くも悪くも制度自体が安定期に入った証拠だと捉えることができるだろう。

　1932（昭和7）年に盧溝橋事件によって日中間に戦端が開かれた。国民の生活が軍事色に染まっていくと、心理学者の活動は沈滞期に入った。当時の日本は軍事立国を目指していた。こうした国策に近かったのは2つの領域の心理学であった。一つは軍事心理学、もう一つは教育心理学である。前者においては兵隊の知能や航空機への適性の検査、そして効率的な訓練ということになる。後者においては、当時の教育の理念を推し進めるような教育学説を唱えたり、各民族の知能の測定と比較をすることになる。国家総動員体制下では、国民全体の適性を調べるための適性検査の整備に心理学が必要とされるにいたった。厚生省の職業紹介所にも心理学者が必要とされるようにな

った。また、戦況が長引き悪化すると傷痍軍人のリハビリテーションの問題が起きた。こうした問題にも心理学者は取り組んでいた。心理学者たちは、国策自体に関わったり、戦略に関わったりはしなかったし、最前線で兵隊に取られるということも少なかったようであり（大学生の動員はもちろんあった）、一定の有用性を認められて戦前の国家体制を運営する側に立たされていたということができる。

これより先、1941（昭和16）年には心理学関連学会が合同して「心理学会」が成立、その部会はほとんどが「応用的」なものとなった。具体的には基礎・教育・産業・司法・傷兵保護・軍事の6つの部会が置かれた。しかし、それにもかかわらず、1943（昭和18）年までには事実上心理学の学問的研究は行えないようになっていった。国家的事業（の悪化）の前には、心理学者の自発的制度はほとんど力を持たなかったといえる。日本心理学会の『心理学研究』は事実上休刊し、そして1945（昭和20）年の敗戦を迎えたのである。

2-6　まとめ

この節で述べてきたことをふまえて、制度的な面から見た日本の心理学の展開をまとめておく。

1．1935（昭和10）年の『心理学者名簿』には500人弱の心理学者（心理学卒業生）がリストアップされていた。卒業生が社会で活躍したことは、大学での心理学制度化の成果だと思われる。
2．臨床心理学には当初は特権的地位があったにもかかわらず、大正期には弱体化したといえる。
3．大正期以降、産業・軍事の応用心理学は盛んになり、戦時下ではますます盛んになった。
4．教育（に関する）心理学は明治期から継続的に行われており、戦時下も同様であった。
5．維新後の政府が他の学問ほど積極的に心理学を制度に定着しようとし

ていた形跡は無かった。たとえば、戦前の帝国大学のいくつかに心理学講座は設置されたが、文学部の無い所に心理学が制度化された例は無かった。戦前期に政府や体制の側から心理学自体が評価されていたということはなかったようである。
6．それにもかかわらず、戦前期までに心理学は主として大学制度の中に着実に根を下ろしていたともいえる。

この節では心理学の研究者の側から制度を考えてみたが、海外の学説が日本の心理学にどのように影響したかという研究や、心理学を学んだ学生の側からの研究もさらに必要だと思われる。

3　学範(ディシプリン)としての心理学の受容と展開

3-1　学範としての心理学の進展

ここまで制度ということに着目して述べてきたので、学説の進展についてあまり触れられなかった。そこで簡単ではあるが、最後に内部史的観点から学説をまとめておく。

江戸時代には心理学は無く、明治前期は非実証的な心理学が知識として普及した。そして、明治の中期以降、元良により実証的心理学がもたらされた。精神物理学およびそれを実践に活かそうとした教育実践志向の心理学も芽生えた。福来による変態心理学が、変態心理学そのものの問題ではなく、担当者の問題によって挫折したのはその後の日本の心理学の展開にとって大きな痛手だったと思われる。続く大正期は松本による『知能心理学』という業績がある。あくまで実験にこだわりつつ、現場的な研究を行う産業心理学や軍事心理学が発展した。この時期、京都帝大の野上は発達心理学を、東京帝大助教授の桑田は民族心理学をそれぞれ研究していた。昭和初期になるとゲシュタルト心理学の影響を受け知覚心理学が発展した。戦時下では教育や軍隊

に関する心理学に従事する人が増えた。臨床心理学については（福来の事件もあって）大学ではあまり発展しえなかった。

内部史的観点をとりつつも少し視点を変えて、心理学のあり方を見てみると、まず、戦前期までの心理学は哲学の一領域だったということが重要である。そして、それにもかかわらず、実験実習が外されていた専攻プログラムは存在しなかったということもわかっている。さらに、卒業生を中心に教育に関わる心理学者が常に存在し続けたということもいえる。学範（ディシプリン）に忠実に、そして社会との接点を持つというスタイルであり、これは応用というよりも、ギボンスのいうモードⅡ的なあり方ではないかと思われる。モードⅡとは社会問題解決型のモードであるが、それを可能にするのは学範内興味喚起型のモードであるモードⅠが着実に育っていたということをも示している。解決すべき問題に心理学という学範から切り込んでいくためには、学範内でのしっかりとした基盤こそが重要なのであるから。

3-2　心理学の受容と展開の特徴

日本の心理学の受容と展開の特徴を、学問一般との関連からも見ておきたい。

表 3-6　学問受容期の影響要因

学問一般	日本心理学の場合
社会における重要性の認識	高等教育や哲学・教師養成における重要性の認識
類似する考え方の存在	類似する考え方の存在無し

まず、学問受容期の影響要因を見てみよう（表3-6）。

日本の心理学の場合、高等教育や哲学・教師養成における重要性の認識があったことがプラスに働き、類似する考え方の存在が無かったことが妨害要因の発生を防いだと言えるかもしれない。

次に展開期における学問受容期の影響要因を見てみよう（表3-7）。

表 3-7　展開期における影響要因

学問一般	日本心理学の場合
当該学問のその後の進展	留学による知識の随時的な伝達……継続的
社会からの期待需要	教育・産業の現場からの期待………継続的
内在する考え方との融合志向	儒学や仏教への融合志向……………散発的

　留学による知識の随時的な伝達は継続的に行われ、新しい知識や技術を次々に伝えることが可能だった。教育・産業の現場からの期待も継続的になされ、心理学の卒業生に活躍の場を与えた。もちろん、心理学者たちが自発的に学問全体を売り込んでいった「心理学通俗講話会」のような制度のことを忘れるわけにはいかない。一方、本章ではあまり触れなかったが、土着的心理学（indigenous psychology）とでもいうべき流れ、すなわち、儒学や仏教との融合への志向を持った研究は散発的にしか行われず、これも日本の心理学を世界の心理学から孤立させない要因となった（一方では、独自の心理学の成立を妨げた）。

　最後に学問の社会的展開を可能にする要因を考えてみよう（表3-8）。

表 3-8　学問の社会的展開を可能にする要因

学問一般	日本心理学の場合
教育制度の確立による人材の輩出	帝国大学での心理学研究室の成立
カリキュラム整備	実験実習などの規範化（問題解決力の付与）
卒業者（専修者）の自覚	心理学専修の成立によるアイデンティティ

　教育制度の確立による人材の輩出は、主として帝国大学での心理学研究室の成立というかたちで行われ、カリキュラム整備がなされたのである（問題解決力の付与）。ここで重要なのは、おそらく実験実習が学範の中心だったことである。そしてもう一つ卒業者（専修者）の自覚がある。心理学専修の成立による学生の心理学アイデンティティ確立が、心理学を社会に展開させる力になった可能性は大いにある。

3-3　なぜ心理学史を研究するのか、学ぶのか

　日本は明治維新という未曾有(みぞう)の社会改革を行った。その改革の中には教育改革も含まれており、高等教育の制度には心理学が組み込まれた。制度として成立した心理学はさまざまな研究や教育を行い、卒業生は社会に出ていった。また、自分たちで自発的な制度を作って社会と関係を持ち、あるいは相互交流による研鑽(けんさん)を積んでいったのである。ただし、戦時下のように、国家全体がやや「反社会的」な目標を持って政策を遂行した時に、それについて批判する力は弱かったといえる。現在、日本の心理学はさまざまな事柄について社会との接点を持つように社会から期待されている。こういう時には、その社会全体のあり方について、反省的に捉える必要があるのではないかと思われる。制度について、目先の善悪を判断するのではなく、その制度がよって立つ社会や国家のあり方についても検討する必要があるのである。現在、心理学は学校という公的制度においては隆盛しつつ、資格という（自発的な）制度ではやや混乱している。こうした時期だからこそ、日本の心理学のあり方を振り返ることは大きな意味があるだろう。歴史自身は今の問題に直接答えを出すものではない。しかし、私たちにとって有用なヒントはたくさんあると思われる。

　付記
　本章は、2002（平成14）年9月27日に筆者が日本心理学会第66回大会において行った小講演「近代日本における心理学の受容と制度化」の原稿に修正・加筆を行ったものである。この講演は筆者が東北大学に提出した学位論文「日本における心理学の受容と展開」の一部を講ずることを目的にしたものであり、題目の若干の違いが学位論文のテーマと講演の眼目の違いを表している。ただし、本章の内容はほぼすべてが北大路書房から出版した学位論文（佐藤、2002）に含まれているので、興味をもった読者は参照してほしい。

　謝辞
　筆者の学位論文「日本における心理学の受容と展開」について東北大学で主査を

していただいた放送大学・大橋英寿先生（東北大学名誉教授）、東京都立大学での指導教官であった東京国際大学・詫摩武俊先生（東京都立大学名誉教授）をはじめ、多くの方々に感謝したい。さらに、大橋先生には本章のもととなった講演において司会の労をとっていただいたこと、詫摩先生には講演の場においでいただき、ご意見を賜ったことにもそれぞれ感謝したい。

（謝辞注　肩書きは当時）

第II部

近代心理学の成立をめぐる争点

第4章　近代心理学の成立と方法論確立の関係
第5章　心理学と科学の関係を考える

第4章
近代心理学の成立と方法論確立の関係
—— カントの不可能宣言を補助線に

1 はじめに

1-1 心理学の息苦しさ

　心理学を学び始める者の多くが、ある種の息苦しさを感じる。それは一般的な心理学のイメージと学問としての心理学のイメージが異なるからである。このことを筆者はかつてポップとアカデミックのずれ、として描写したことがあった（佐藤・尾見, 1994）。

　カウンセリング、自分探しなどを主なイメージとする一般的な心理学のイメージに対して、学問としての心理学において歴史が古くかつ現在でも中心の一つである分野は感覚・知覚の実験的研究である。基礎領域と称されることが多い。

　現象としての感覚・知覚を実験的方法によって扱うのが学問としての心理学のメインだという言説は、多くの初学者に混乱をもたらす。しかも、その理由が説明されていることは極めて稀である。説明無しに行われる一方的な宣言は、混乱だけではなく失望をもたらすことになる。感覚・知覚が基礎分野とされる理由がわかれば納得することもできるし反論することもできるから生産的になりうるが、理由がわからなければだまって従うか失望してドロップアウトするしかない。

1-2 それでも心理学は感覚・知覚研究を基礎とする!?

まず「感覚・知覚を実験的方法によって扱うのが学問としての心理学の中心であり基礎」であることの理由を、仮に答えておきたい。それは「18世紀から19世紀頃の哲学の中心問題の一つが、感覚・知覚の考究であり、この問題に対して当時勃興しつつあった自然科学的方法を用いてアプローチすることが大きな関心事項となっていた」というものである。こうした問題や関心への回答として、近代心理学が成立したのではないだろうか[*1]。

感覚-知覚に自然科学的方法を用いることは、結果として近代心理学として新しい学問分野を成立させることとなった[*2]。そして、精神医学や教育学などとの連携も図ることが可能になった。近代心理学がいつ始まったか、などという問いにそもそも明確な答えは無いが、一般には1879年のヴントによるいわゆる心理学実験室の創設もしくは1860年のフェヒナーによる『精神物理学要綱』の発刊を、記念碑的な年とすることが多い[*3]。筆者個人としては具体的な1つの年（1879年）が開始の年だとすること自体にあまり賛成できないので、1879年頃のヴントの旺盛な活動と学生育成システムの構築、およびそれがドイツの大学で公認されたことが近代心理学成立の画期的な時期であるとしておきたい（第2章参照）。このことについては本章の後半でもう少し考えてみたいので、ここでは深入りしない。あえて記念碑的な年をあげるとすればそれが1879年なのであり、本章ではこの出来事が起きるころまでの歴史を見ていくことになる。

近代心理学成立以降の心理学は、学問の対象としては行動だけに絞るべきだし動物の行動の研究も有用だという考え（行動主義）が現れたし、心を病んでいる人の治療を扱うべきだという考え（異常心理学、臨床心理学や精神分析）が現れるなど、その範囲は大きく拡張した。方法についても、実験、面接、観察、質問紙、など多様化した。個々の方法における細かなテクニックについても多様化が起きている。実験においても言語反応だけに限らず反応時間を求めることもあるし、最近では、質問紙に印刷した項目への回答を集

めたりするようになった。面接も有力なデータ収集方法であったが、単に相手から言語反応を得る方法としてではなく、ごく最近では、調査者と被調査者の間でなされる意味ある会話であるという認識も高まってきた。

また、心理学の成立以降、結果を数値で表しそれを計算しようという傾向は強い。数字で表されたデータの処理には統計的計算が必要であるから、心理学者も統計に関するハード・ソフト両面の発展の牽引車となっていった。このことは心理学が統計学を推進する一大エンジンとなることを意味していた。多変量解析の技術も多様化した。

本章で心理学における対象と方法の拡大の過程を検討することはとうてい不可能であるから、これまでの日本の心理学史研究の中では研究としてほとんど扱われてこなかった、心理学成立以前の「心理学の科学化」を準備し推進した動向について検討してみたい。

鋭い読者がお気づきのように、ここで問題となるのは心理学だけではなく、科学というものの性質の規定である。ここでの科学は、自然科学という狭い意味の科学である。自然科学の対象は自然である。では自然とは何か。形容詞的な用法を考えれば、人の手を加えないありのままの姿ということになるが、これでは「何」の「ありのまま」なのか、という対象の説明が抜けてしまう。実は、人間を含めたあらゆる物が自然の対象である。人間も自然の一部である。後に詳しく見るように、哲学者イマヌエル・カント（I. Kant, 1724-1804）は自然研究を物体論と心理論に分けていた。物体とは延長を持つものである。延長を持つという言い方が奇異に聞こえる人もいるかもしれないが、逆に延長を持たないものといえば、それは思惟であり、哲学の流れからいえば心理学がテーマとするものである。延長を持つ、持たない、という二分法は哲学者・デカルト（R. Descartes, 1596-1650）に由来するが、延長を持つ物に対する科学（自然科学）は 17 世紀以降格段に発展していたという事情を頭の隅に

図 4-1　イマヌエル・カント
(1724-1804)

入れておいてもらいたい。

以下では、17世紀後半にさかのぼり、なぜどのように心理学に実験が取り入れられ、それが心理学全体を牽引したのか、ということに焦点をあてて、その過程を見ていく*4。

2　17世紀後半以降の心理学的主題

2-1　視覚と触覚をめぐるモリヌークス問題

たとえば、モリヌークス問題というのがある。これはロック（J. Locke, 1632-1704）が『人間知性論』（第2版, 1693）の中で言及した視覚と触覚をめぐる議論であるが、もともとはアイルランドの哲学者・科学者であるモリヌークス（W. Molyneux, 1656-1698）が提出したものである。モリヌークスはロックの友人であり、月の錯視などを通じて広く視覚に関心を持っていた（Molyneux, 1687）。モリヌークス問題を簡略化して述べれば、「立方体と球体を触覚で区別できる生まれつきの盲人が、成人してもし目が見えるようになったなら、見ただけで（視覚だけで）両者を区別できるか」というものである。当時はいわば哲学的な色彩の強い論争が行われた。そして、これに対する答えは人間についてどのような根本的仮説を持つのかによって異なる傾向にあった。理性主義と経験主義である。

理性主義では人間には観念が生まれつき備わっていると考えるから、目の見えない人に新しい感覚（ここでは視力を通じて得る感覚）が可能になれば、その新しい感覚はすでに存在する観念を理解することができる（それが何を見ているのかという判断も可能）という答えになる。一方で、経験主義的な考え方をとれば、感覚から生じる

図 4-2　ジョン・ロック（1632-1704）

第 4 章　近代心理学の成立と方法論確立の関係

観念の判断は経験を必要とするので、目の見えない人にとって新しい感覚が可能になったからといって、即座に何かを見たり判断したりすることは不可能だという答えとなる。モリヌークス問題が話題になった時にも開眼手術は少ないながら行われていたとはいえ、当初は理論から仮説を作って議論するということが最も重要な論争形態となっていた。

　この問題では、ある感覚によって外界の観念を得た者が、その観念内容をどのように判断理解するのか、ということが問題となっている。感覚、観念、判断、理解といったタームは現在の心理学の主題であるが、17 世紀末から 18 世紀にかけて、ディドロ（D. Diderot, 1713-1784）やバークリ（G. Berkeley, 1685-1753）によってそれ以前の哲学から受け継がれ、哲学的な論争を構成していたという背景事情もある。モリヌークス問題はこうした文脈に現れた理論的な問題だったのである。当時、この問題に対して理性主義的観点から答えたのがライプニッツ（G. W. Leibniz, 1646-1716）であり、経験主義的な観点から答えたのがロックとバークリであった。理性主義的立場からすれば、三角形を初めて見た人はすぐにそれを理解できるということになり、経験主義的立場からすれば、三角形を見たところでそれを理解することは難しいということになる。

　この問題は、チーゼルデン（W. Cheselden, 1688-1752）による 13 歳の少年の手術事例報告（Cheselden, 1728）やディドロの「盲人に関する手紙」を経て、経験主義の立場が正しいという認識が共有されることになる[*5]。問いを提出した経験主義者ロックよりもさらに考察を進めたのが『視覚新論』の著者バークリであり、『感覚論』（1754）の著者コンディヤック（E. B. de Condillac, 1715-1780）であった。

　モリヌークス問題を検討する中で、感覚、知覚、観念の発生を実証的に捉える必要性を喚起したことは間違いないように思える。実証主義的姿勢は、科学的心理学を成立させようとした動向とは（直線的な因果関係ではなく）網目のように関係していたであろう。

2-2 モリヌークス問題は解決したのか？

ただし、モリヌークス問題を自ら体験した患者の立場、つまり先天盲開眼者の立場にたてば、いわゆる開眼手術をしさえすれば「目が見えるようなる」というのはまさに安易な推論であり、手術によって物理的に目が見えるようになる条件が整っても、それで「見える人」になるというのはあまりに単純な発想だということもいえる。経験主義の立場に立ったとしても、その経験の意味するところが非常に粗大で雑ぱくであった。何をどのように経験すれば目が見えるようになるのか。実際には、開眼手術を受けて生活さえしていれば経験を蓄積にしたことになるというのは、むしろ安易な楽観論なのであった。むしろ開眼して絶望する人やそれ以前の状態に戻ろうと希望する人さえいたという（Zajonc, 1993）[6]。見て何かを理解するということ自体のために、「見える目」を持つ身体による生活経験を続けていくことこそが重要だということになる。開眼直後では立方体と球の区別はもとより、二次元の形も色も識別が難しい。見えるとは、見たものが他のものとは異なっていることやそれ何であるかがわかることであり、それには長いプロセス（ある意味での訓練課程）が必要なのである。日本でもこの問題は検討されており、鳥居・望月（2000）はこの問題の歴史的経緯をふまえて、先天盲開眼者のための視覚的弁別・識別活動の開発・錬成そして形成過程を丁寧に扱っているので参照されたい。また大山らの論文（Oyama, Torii & Mochizuki, 2005）も参考になる。

2-3 ヴォルフによる合理的心理学と経験的心理学

心理学は psychologia およびその近縁語の日本語訳であるが、このもともとの単語が成立したのはせいぜい 16 世紀初頭だと言われている。その後、本の書名に psychologia が用いられるようになったものの、霊魂を扱う心霊学のような意味に近かった。現在の心理学に近い意味で使われた最初の例と

第4章　近代心理学の成立と方法論確立の関係

して知られているのは、18世紀にヴォルフ（C. Wolff, 1679-1754）が著した『経験的心理学』（1732）と『理性的心理学』（1734）である（高砂, 2003）。この2つの本のタイトルにも経験主義と理性主義の対立が表れていることは興味深い。ヴォルフは双方の立場から学問としての心理学をそれぞれ構想したのである。当時の心理学の対象は魂であった。宗教的背景を持った実存的な魂であった。だが、ヴォルフにおいては、実存としての魂ではなく、思惟や表象の主体としての心を扱う姿勢が見られており、それを経験主義、理性主義、双方から考えていったのである。

2-4　テーテンスの方法

18世紀後半の1777年、テーテンスは自らの心理学の方法について以下のように述べた（Tetens, 1777; 訳は近堂, 2004aによる）。なお、以下の悟性とは独語のVerstand、英語のUnderstandingの訳語である。

> 私が採用した方法に関しては、これについてあらかじめ説明することが必要なように私には思われる。それはロックが悟性について用いて、われわれの心理学者たち〔＝ハートリやプリーストリ、ボネら〕が経験的心理学の中でしたがっていた、観察的方法である。心（Seele）の変容を、それが自己感情（Selbstgefühl）を通じて認識されるように受け取ること。その変容を、注意深く繰り返し、その状態の変化を熟視しながら観察すること。その生成の仕方と、それを産出する力の作用法則（Wirkungsgesetze der Kräfte）に注目すること。さらに、こうした観察を比較分解して、そこから最も単純な能力と作用の仕方とそれら相互の関係を発見すること。これらのことは、経験に基づく心の心理学的分析の際の最も本質的な手続きである。

ここには18世紀末の心理学のあり方が見て取れる。近堂（2004a）によれば、テーテンスは経験主義[*7]の流れに立つロックの影響を受けているという。彼の文章からは心理学の対象は心であること、そしてその心は思惟や表象の主体であるとされていることがわかる。さらに重要なことは、心理学が「心」ではなく「心の変容」を対象にすべきだとテーテンスが考えていたこ

とであり、心の変容を繰り返し観察することが重要とされていたことである。観察によって何を行うのかといえば、変容の生起の仕方、特に何が変容を産出するのか、という作用法則を見いだすのである。作用法則は因果法則ほど厳格ではないし、だからこそ人間の理解に役立つはずだから、一種の相関関係を見いだすことが観察の目的であっただろう。どういう条件の変化がどういう心の変化をもたらしうるのか、それを繰り返し観察し法則を導く、これがテーテンスの提案する「経験に基づく」方法による「心」を対象とする「心理学」だったのである。

　機能主義的心理学の源流の一つがここにある。心は静的なものではなく、変容することが前提となっている。変容こそが観察のために必要なのであった。心は変容するから観察が可能なのである。ここで言う観察は、ヴントらの行っていた内観的方法とほぼ一続きである。しかし、このテーテンスの方法が科学的な心理学へと直接的につながっていったわけではない。心理学は科学になりえるかどうかという議論があったのである。すなわち、1786年、カントは『自然科学の形而上学的原理』の序文において自然科学の定義を行う中で、心を扱う学問が科学たりえないことを説いていたのである（後述）。

　さてテーテンスの主張は、能力を分解するという意味で能力心理学的な側面を持っている。テーテンスの哲学的心理学は、経験的心理学と批判哲学ないしは超越論的哲学との接点が読み取れるという（近堂, 2004a）が、ここではそれには触れない。むしろ、批判哲学・超越論的哲学者であるカントが「心理学は科学にならない」ことを論じたことを一つの補助線として心理学の方法について考えてみたい。まず、カントがどのような背景から何を言ったのか、である。

3 カントの不可能宣言とその歴史的意義

3-1 カントの不可能宣言と哲学者たちの格闘

　すでに述べたように、現在の心理学成立神話にとっての合意事項でさえある19世紀中葉以降の心理学の成立には、自然科学の方法論が大きな役割を果たしたとされている。このことは、多くの心理学史書に書かれており、現在ではそれが疑問になることはほとんどない。では、なぜ自然科学の方法が心理学に取り入れられたのだろうか。「なぜ」それをもって心理学の開始と言えるのだろうか。

　とはいえ「なぜ」という問いに答えるのは難しいため、「なぜ」を「どのように」に変えてみたい。自然科学の方法は「どのように」心理学に取り入れられたのだろうか。どのような挫折があり、どのようにそれを乗り越えていったのか、それを検討していく。それを考える格好の材料がカントの不可能宣言（Impossibility Claim; Nayak & Sotnak, 1995）である。哲学者として知られるカントは、心理学は科学になりえないだろうという意見を著書で披瀝したのである。

　では、カントは科学をどのように考えていたのだろうか。カントの科学方法論に関する特徴には以下の2つが見られる（大橋, 2003）。

　一つは恣意的で憶測的な形而上学への批判であり、これを逆から考えれば、経験による実証性とその幾何学（数学）的処理の重視となる。ここで幾何学とは数学の一部門にして、理性的信憑性を担保するものである。大橋（2003）によれば、カントは経験的事実の数学的処理が理性的信憑性につながると考えていた。

　もう一つの特徴は、一つ目の特徴とは少し矛盾するが、カントは単なる実証主義にとどまらず、数学的処理の万能性にも疑問を抱いていた。実証的データとその数学的処理を行う方法については、非経験的原則との整合性を求

めていた。これはメタ理論的志向と呼ぶことが可能だが、実験できて処理できれば何でも良いということではなく、カントは自然研究における方法とその前提となる理論との整合性を無視することは無かったのである。

　つまりカントは、自然研究における科学的方法は、実証的でありかつその理論的前提との調和が必要だと考えていた*8。自然科学をそのように構想していたのである。なお、カントは自然研究を物体論と心理論に分けて考えていた。後に見ていくように、そのうち物体論にのみ科学が適用可能であるから、自然科学といえば自動的に物理論を扱うことになるし、その研究を進める際には形而上学的な原理を考えることが必要だ、というのがカントの主張である。

　カントの時代には自然に関する知識がとみに蓄積され、(自然) 科学的な志向も分化し成熟していた (Danziger, 1990; p.22)。同時代の哲学者たちにも自然科学的志向を好む者が少なからず現れていた。そうした中でカントは『自然科学の形而上学的原理』(1786) を著し、自然科学の条件について論じたのである。

　ではカントは、具体的に何をどのように言っていたのか。少し長くなるが『自然科学の形而上学的原理』から引用する。この著作は1786年に発表されたものであり、翻訳2000年版の訳者である犬竹 (2000) によれば、この著作の中心テーマは「本来的にそう呼ばれるべき自然科学は、まず第一に自然の形而上学を必要とする」ということと「本来的な自然科学は数学の適用を必要とする」ということである。ここでの本来的な自然科学はカントにとって物理学のみを指しており、心理学はおろか化学も入っていない。ちなみにカントの序文の冒頭では、自然を扱う学問 (自然論) には物体論と心理論*9の2つがあるとしており、化学は前者に、心理学は後者に入っている。物体論は延長的自然を、心理論は思惟的自然を考究する (カント, 1786; 2000年版 p.5)。つまり、自然の研究には延長を持つものを対象にする物体論と、延長を持たない思惟を対象にする心理論があるというように、彼は二分法的に整理していたのである。

　カントは、化学は物体を扱ってはいるもののア・プリオリな知識に基づく

というよりは、経験的な知識の積み重ねによるものであるから厳密科学の範疇に入ることはできないとした。では、心理論はどうであろうか。(訳書には段落替えは無かったが、構造をわかりやすくするために、以下では試みに筆者が段落替えを行っていることに注意されたい。)

　しかし経験的心理論は、化学と比べても、本来的に自然科学と呼ばれるべきものの域からはつねにほど遠い状態にとどまらざるをえない。
　それは第一に、内官の現象やその法則には数学が適用されえないからである。なるほどその場合でも、内官（内的直感のような概念：引用者注）の内的変化の流れにおける恒常性の法則だけを考慮するというのであれば、話は別である。このような法則も確かに認識の拡張といえるであろう。だが、かかる認識の拡張を、数学が物体論にもたらす認識の拡張と比較するならば、その違いはおおよそ、直線の性質についての学説と全幾何学との違いに匹敵するであろう。なぜなら、心的現象がそこで構成されるべき純粋な内的直観は時間であり、時間はただ一次元を持つのみだからである。
　しかしまた、体系的な分析技術あるいは実験論としても、経験的心理論はとうてい化学に近づくことはできない。なぜなら、経験的心理論の場合、内的に観察される多様なものは、単に思考上の分析によって相互に分離されるのみで、それを分離したまま保持しておいたり任意に再び結合したりすることはできない。ましてやほかの思惟主体は、意のままにわれわれの実験にしたがうというわけにはゆかず、また、観察という行為自体が観察対象の状態を変え歪めてしまうからである。
　それゆえ、経験的心理論はけっして内官の記述的[*10]自然論以上のものとはなりえず、また記述的な科学としても、せいぜい体系的な自然論、すなわち心の自然記述となりうるだけであって、心の科学とはなりえない。それどころか、とうてい心理学的実験論にすらなりえない。
　まさしくこうした理由によって、本来、物体論の諸原則だけを含むこの著作の表題に、通常の用語法にしたがって、自然科学という一般的名称をもちいたのである。というのも、この自然科学という名称が本来の意味で与えられるのは物体論に対してだけであり、したがって、それによっていかなる曖昧さも生じることはないからである。
　物体論は数学の適用によってのみ自然科学となりうる。だが、物体論に数学が適用できるためには、物質一般の可能性に属する諸概念を構成するため

の諸原理が、前もって与えられていなければならない。すなわち、物質一般という概念の完全な分析が基礎におかれなくてはならない。これは純粋哲学の仕事である。純粋哲学はこうした意図のためにいかなる特殊な経験ももちいることなく、もっぱら、孤立した（それ自身は経験的な）概念そのもののうちに見いだされるものだけを、空間と時間とにおける純粋直観に関係づけて（自然一般という概念にすでに本質的に結びついている諸法則にしたがいつつ）もちいるだけである。(Kant, 1786)〔犬竹正幸訳〕

　前述のように、カントの心理学に対する言明は心理学への「不可能宣言」と呼ばれている。ここで心理学と呼んでいるものは経験的心理学の系譜にあるものであり、現在の私たちが心理学と呼んでいるものとは異なっている。ヴォルフによって2つの系統として明示された合理的心理学と経験的心理学のうちの、後者についての批判であることを思い起こしておこう。
　さて、カントは、心を扱う学問そのものを否定したのではなく、物を扱う学問に対置してその意義を認めながら、しかし前者は決して科学たりえない、と主張していた。
　ここで、カントが何を持って「経験的心理論」としているのか、また、何を持って「科学」としているのかを再度検討してみたい。
　経験的心理論（empirische Seelenlehre）とは、現在の心理学とは異なるものである。その内容について、カントは対象と方法の2側面から説明を与えている。経験的心理論とは内的な何かを観察すること、その観察は自分自身によってなされたことがわかる。これは、先ほど紹介したテーテンスの方法とあまり違っていない。そして、こうした状態にある経験的心理論についてカントは、科学にはなりえないとしたのである。自身の内的感覚を自身で観察すると必ず歪みが入るということも意識されていた。カントの『自然科学の形而上学的原理』によれば、心理学は経験的な学として「史的自然論（historische Naturlehre）」のうちの「心の自然記述（Naturbeschreibung der Seele）」であるにとどまり、「心の科学（Seelenwissenschaft）」や「心理学的実験論（Psychologische Experimentallehre）」の可能性は放棄されたのである（近堂, 2004b）。

第 4 章　近代心理学の成立と方法論確立の関係

　経験的心理論（empirische Seelenlehre）は今の言葉で言えば魂のあり方についての議論、つまり霊魂論のようなものの延長にあった。なお、カントが経験的「心理論」に「Seelenlehre」という語をあてている、つまり「心」の科学には「Seelen」をあてているのに、心理学的実験論という語には「Psychologische」をあてていることは、若干の注目に値すると思われる。

　引用の後半部分に「物体論の諸原則だけを含むこの著作の表題に、通常の用語法に従って、自然科学という一般的名称をもちいた」という言い訳のような文章があった。これは何に対して言い訳しているのかというと、自然を扱う研究は物体と精神があるにもかかわらず、自然科学という内容で物体論しか扱っていないことの言い訳なのである。科学といえば物体論しかできないのだから、この本の中で物体論しかやらないにもかかわらず「自然」と銘打ってもいいはずだ、という言い訳もしくは開き直りなのである。21 世紀の今日、自然科学というのは、科学そのものだという考え方をされることが多いのだが、カントがこの文章を書いた当時は、自然を対象にした学問は今でいう物理や化学の領域だけではなく、人間の精神も自然というカテゴリーの中に括られていたのである。

　つまり、当時の言説空間では、「自然」を含む表題であれば、必然的に心のことも扱っているはずだ（もしくは扱うべきだ）、なぜならば自然論は物体論と心理論から成っているからである、と考える人たちがいたということなのである。

　だが、そうではなく、心理を科学で扱うことなどできないのだから、自然科学という名称で物体論のみを扱うのは正当なのだ、ということをカントはこの序文で言いたかったのである。その理由としてあげられているのが、心を対象とする学問に数学が適用できず実験も不可能だという説明なのである。対象が方法を規定するのではなく、方法が対象を規定していくという意味での手続き至上主義的な思考がカントの言い訳の中に入っていることを見逃すことはできない[*11]。

　ただし、むしろ、序文で言い訳しておくことが必要なほど、当時は自然というタイトルがついている著書を見た人たちが、心について扱っていると期

待していたと考えられるのではなかろうか。つまり、カントが「心理学は純粋な自然科学になりえない」と序文で読者に対して宣言していたということは、逆説的に、この問題が学者たちの関心をひいていたことを示している（佐藤, 2006）。また、さらに想像をたくましくすれば、魂を扱う学問の延長線上にあった当時の心理論なるものが、科学化することによって必然的にもたらすであろう宗教との軋轢(あつれき)を避ける意図があったと言えるかもしれない。

カントの『純粋理性批判』（Kritik der reinen Vernunf, 1781 初版/1787 第 2 版）では、合理的心理学（psychologia rationalis）は合理的物理学と共に合理的自然学を構成する地位を与えられていた。それが『自然科学の形而上学的原理』の序文（1786）では経験的心理論に言及されているにすぎなくなっていった。

この時代、自然科学という領域自体も当時の新しい学範(ディシプリン)として立ち上がったばかりだった。自然科学という学問領域が確定していない時代において、心を扱う学問の位置も曖昧であり、不確定であったはずである。そうした中、カントは心理論が科学になりえない理由を序文で述べて、自然科学それ自体を物体論に狭く確定して後の議論の展開を限定したのだろうし、その後の自然科学の飛躍を見れば、それは正しかったと言えるかもしれない。

3-2　カントにとっての科学と心理学的な研究

さて、カントが科学という言葉で含意していたのは、まず「科学＝数式による表現」であり、次に「科学＝実験が可能」ということであった。カントは、心理学には先験的（ア・プリオリ）なフレームワークが存在しないこと、内的感覚という現象やその法則に数学を適用できないことから、こうした主張をしていた（Green, Shore & Teo, 2001）。では、彼はどのような根拠からこのような主張をしたのか。心理を対象とした研究をしていなかったのか、していた上での主張なのか。この点については最近になって研究が進んできている。シュトゥルム（Sturm, 2006）によれば、カントは心を量的に扱うことに多大な関心を持っていた。なぜなら、それによって数学が適用可能になるからである。カントは感覚の下限（つまり、刺激閾である）について言及する

ことを好んでおり、ソーブール（J. Sauveur, 1653-1716）による音叉の振動と音の高さの関係について言及するのを好んでいた（Sturm, 2006; p.370）。また、文字が読める最低の明るさについても関心を寄せていた。蜜蝋（wax）を原料にしたロウソクと獣脂（tallow）を原料にしたロウソクを光源にした場合の明るさを比較したこともあった。ただし、単に明るいとか暗いとかいう比較をするのではなく、同じ本数を用意した材料の異なるロウソクからどれくらい距離をとっても本が読めるのか、ということを指標にして検討していた（Nayak & Sotnak, 1995）。

なお、カントは経験論に生理学的アプローチを取り入れることに反対しており、この意味でも心理学が科学に近づくことは無かった。観念論的立場における心理学の地位の低下（もしくは拒絶）は、後続の哲学者たち —— たとえばフィヒテ（J. G. Fichte）、シェリング（F. W. J. Schelling）、ヘーゲル（G. W. F. Hegell） —— にも受け継がれていった（Bell, 2005; p.163）[*12]。

ただし、観念論者たちは、経験的心理論が科学的心理学に変容する際の条件について、カントその人のように高いハードルを想定していたわけではなかった。たとえば、シェリングやヘーゲルは動物磁気という現象が突破口になると考えていた節がある。動物磁気は現在の心理学では全く取り沙汰されていない学説ではあるが、当時の学問状況において注目されていたのである。

3-3　カント以後の観念論者と心理学の科学化

さて、心理学に関するカントの考えに反旗を翻すべく最も知的格闘を行った人の一人は、ケーニヒスベルク大学でカントの職を受け継いだヘルバルト（J. F. Herbart, 1776-1841）であった。ヘルバルトは心を扱う学問に数学を取り入れようと苦心し、科学的心理学を成立させるために尽力したが、成功したとは言えなかった。彼は観念の力学的交渉から精神生活を説明しようとし、それを数式で表現することに心を砕いたのだが、現在では歴史的意味しか認められていない。ここでの観念とは、感覚、知覚表象、記憶表象、想像表象、概念等の意識内容を意味しているから（増田, 1933）、イギリスのベインなど

の連合心理学とのつながりも大きかった。

　ヘルバルトの努力は心理学の科学化の大きな力になりえなかった。だが、心理学の科学化は、哲学の内部からではなく、むしろ外部から大いなる援軍を得た。カントによって自然科学の王道と認められたとでもいうべき物理学や自然科学としての進境が著しかった生理学などである。つまり、カントが言うところの、「自然のうちの物体論」を実験と数式によって理解する学問としての自然科学の方法論が、心理論に活用される道が急速に開かれつつあったのである。その際、心理論の中でも注目されたのが感覚という心理現象であった。特にウェーバーとフェヒナーによる感覚研究がその推進力であった。実際、近代心理学の父とされるヴントは、その自伝の中で、ウェーバーとフェヒナーの名をあげ、この２人と知り合いになれたことを「運命の特別な賜」と思っていたと述べている（Wundt, 1920）。この３人はライプツィヒ大学の教授であった。ウェーバーは後にウェーバーの法則として知られることになる法則の提唱者として知られており、心理量の実験的検討の体系化に初めて道筋をつけた人である。彼は感覚、なかでも触覚を対象として研究を行い、比較的単純で統制のとれた実験研究スタイルを確立した。一方でフェヒナーはウェーバーの知見を足がかりにして精神物理学という物理量の世界と心理量の世界を橋渡しする領域を構想した。ウェーバーの行った実験結果を「$\Delta I / I = K$（Iは刺激の強度；Kは定数）」というかたちに整理してその意義を明確にしたのも、ウェーバー本人ではなくフェヒナーであった。そしてフェヒナーはウェーバーの法則を一歩先に進めた（第１章 p.9参照）。ここには心理量と物理量を等号で結ぼうという野心が見て取れる。この野心はすなわち心理学に数学を適用しようとすることを体現しているから、その意味でカントの「不可能宣言」への挑戦状と言うことも可能である。なお、こうした等号関係を主張できる背景には実験的方法の整備が欠かせなかった。そこで以下では、ウェーバーおよびフェヒナーの考えや方法論について検討していく。まずウェーバーの持っていた問題関心や方法について見ていく。

4　感覚生理学と精神物理学の方法

4-1　感覚生理学者、ウェーバーの方法と法則

　ウェーバーはどのような興味から触覚研究を行い、また、どのように研究を進めたのだろうか。

　まず彼の研究は、感覚生理学と呼ばれるべきものであり、触覚と筋肉感覚の研究であった。ウェーバーは医学の訓練を受けた後、1821 年からライプツィヒ大学で解剖学と生理学の教授となった。彼が研究したのは感覚のシステムであり、特に触覚を対象としていた。19 世紀末以降、感覚生理学は大きな発展をとげていたが、その関心はもっぱら視覚や聴覚に限られていた。当時は神経についての知識が増大していた頃であるから、視覚（聴覚）刺激がある神経を通して知覚を引き起こすというようなモデルによって視覚や聴覚研究が行われていた。その一方で触覚はウェーバーが扱うまで、あまり注目をあびていなかったのである。

図 4-3　エルンスト・ハインリヒ・ウェーバー（1795-1878）

　そもそも触覚は単なる一つの感覚ではなくさまざまな感覚が関与しているものであり、その意味で一つのシステムであった。ウェーバーは 1834 年と 1846 年にそれぞれ著作を発表しているが、いずれもラテン語であったため「最も読まれていないのに最も引用される書物」とさえ評されたことがある。幸いなことに、これら 2 つの著作はロスとマーレー（Ross & Murray, 1978）によって英訳されている。そもそもウェーバーは、触覚（sense of touch）が圧感覚、温度感覚、位置感覚という 3 つの感覚を私たちに与えているとした。ただし、位置の感覚は圧や温度の感覚に基づく二次的なものであると考えた

(Boring, 1950)。初期のウェーバーが研究したことの一つに、温度と触覚の複雑な関係がある (Mook, 2004)。たとえば、額の上にコインを置いた時、それが冷たい時には暖かい時より重く感じるということがある (Weber, 1834)。ウェーバーは（本来は別々の感覚である）温度の感覚と重さの感覚は皮膚の上ではなく脳で統合されるのだと考えたのであり、その意味で、皮膚の上の物理的出来事に関する人間の心理を、体内の生理的システムで説明しようと試みていたと言えるのである。

そして、触覚を構成する3つの感覚のうちの位置の感覚は圧の感覚と密接に結びついている。身体上のある位置を触れるということは圧を加えるということに外ならないからである。圧をどこかに感じなければ位置も感じないであろう。たとえば、一般に皮膚の上を何かの器具で触れる（圧を加える）と、単に触れられた感覚だけではなく、どこを触れられたかを感じることができる。自分の右手の指で左腕のどこかを触れば圧を感じ位置を感じることができる。ただし、圧の感覚と位置の感覚も単純な関係ではない。ある指で他の指を触れた場合には、そこで生じる感覚は2つではなく1つである。また、外から何かで触れる場合でも、2つの器具で触れた場合でも1つにしか感じない場合がある。後者の問題はいわゆる触二点閾の問題であり、ウェーバーは円を描く道具であるコンパスを用いてこの問題に取り組んだ。

最初ウェーバーは梁コンパス（Beam Trammels；図4-4 上）を用いたが、メタル製コンパスを用いることが良いということに落ち着いた（図4-4 下）。こ

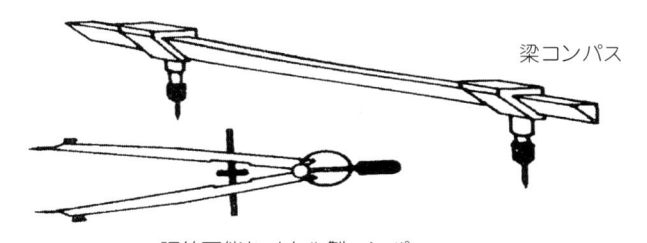

梁コンパス

調節可能なメタル製コンパス

図4-4　ウェーバーの時代のコンパス
Ross and Murray, 1978, p.31 による。ただしウェーバーの原著にあった図ではないと注記されていることに注意。

の道具は 0.75mm まで針の間を狭めることができた。彼の一連の実験でまずわかったことは、身体の部位によって一点と感じる距離が異なる、つまり閾値が異なるということであった。

　さて、ウェーバーは感覚生理学者であり、神経システムの構造が、外界をどのように表象するのかということに関心があった（Ross & Murray, 1978）。皮膚上の触二点閾を例にとれば、ある１つの神経線維の異なる２点を刺激した場合には２点と感じられないと考えていた。ウェーバー（Weber, 1846；英訳 p.180）によれば「同じ神経線維の異なる２点を同じ強さで同時に刺激した場合には、ただ１つの感覚が生じると私は仮定する」とのことである。こう仮定すると、身体の各部位において、弁別不可能な距離を測定するならば、身体の内部にあって見えない感覚器官（神経線維）の構造を推定することが可能になる。これこそがウェーバーが追求したことであった。つまり彼の問題意識は、理論的には感覚生理学の範囲内だが、異なる２点を２点として感じられる（距離的な）長さはどれくらいかを検討しているという意味では、現在の心理学の視点から見ると刺激閾と呼ばれる問題を扱っている、ということになる。ダンジガー（Danziger, 1997；訳 p.96）によれば感覚をめぐる研究領域は、生理学と心理学の境界領域の中でも特に両者の境目が不明瞭だったとされる。ウェーバーが自らこの境目を越境するつもりは無かったと思われるが、その方法論や成果は彼の意図を超えて心理学の領域に浸潤していった。

　次にウェーバーが関心を持った問題の中でも、特に心理学にとって重要な意味を持つことになったもう一つの問題系 ―― 後に弁別閾と称される問題系 ―― を見ておこう。

　ウェーバーは、重さの弁別の実験において、標準刺激とさまざまな比較刺激の重さの違いを判断する際の基準は絶対的な差ではなく、相対的な差であることを見いだしていた。ここで重さの違いの判断は、錘（オモリ）の重さの感覚、２つのオモリの比較、判断、というプロセスによって行われると推定される。

　たとえば 200 グラムのオモリを他の重さのオモリと比べてみるとする。すると、もう一つのオモリが 201 グラムである時には重さの感覚は変わらない。

つまり同じだと判断される。一般的には205グラム、つまり5グラムの違いがあると、重さが違うという判断が行われるようになる。ところが、この5グラムという重さに絶対的な意味があるのではなく、最初に持つオモリ（標準刺激）との比が重要なのである。もし仮に、最初に提示されたオモリ（標準刺激）が400グラムである場合には、5グラムの違いは重さの違いを感じさせず、10グラムの違いがあると重さが変わったと感じられるのである。

ウェーバーは前述したように「$\Delta I / I = K$」（I は刺激の強度；K は定数）という定式化を行ったわけではなく、「重さの違いは2つの重さが40：39の時でも弁別可能である」というような表現をしていた。分数形式の定式化を行ったのは前述のようにフェヒナーであり、やがてウェーバーの法則と呼ばれ、心理学の歴史において最初に数量化された法則であるとされる（高砂, 2003）。なお、ウェーバーが行った実験のいくつかはその後に基本的な実験の技術として基礎実験実習などに取り入れられ、現在の心理学専攻でも行われているものさえある。その意味で最初の心理学実験法はウェーバーによって開発されたということも可能である。ただし、ウェーバー自身には心理学という学問を作り上げるとか、方法論を整備するなどの意図は無かったこともまた重要な点である。

4-2　フェヒナーによる精神物理学の確立 —— その問題意識と方法

ウェーバーの研究を自らの研究構想に取り入れて発展させたのはフェヒナーである。彼は物理学の訓練を受け、1834年にライプツィヒ大学教授となったものの、病を得て1839年には退職してしまう。一種の心気症だったと考えられている。だが、病の間も彼はある問題を考えていた。彼は自然（nature）が一つの体系であると考えていた。

フェヒナーは心身二元論的前提を持ちながら、心身は同じ実在を違う側面から見たにすぎないと考え、感覚量と物理量との間に数学的な関数関係を考えた（苧阪, 2001）のである。ウェーバーの実験が示していたように、感覚に関する物理的変数と心理的変数は同一ではなかった。前述のように、ある重

さのオモリにある重さのオモリを足す時には、物理的変数としての重量は存在しても、重さの差異が元の重さの1/40以下であったならその重量は感じられないのである。なお、このように違いが認識できる最小の単位は後に丁度可知差異（just noticeable difference）と呼ばれることになる。重さの丁度可知差異は標準刺激の1/40であるとされる。丁度可知差異は後には弁別閾と呼ばれることになる。この定式化およびその心理学的な価値づけ自体は、フェヒナーによって確立されたものである。ここで標準刺激とは最初に被験者に提示された刺激のことである。重さ（の感覚）でいえばオモリの重さ、長さ（の感覚）でいえば線の長さなど、さまざまである[*13]。

図4-5　グスタフ・テオドール・フェヒナー（1801-1887）

　　丁度可知差異　＝　弁別刺激／標準刺激　＝　一定
　　$\Delta s / s =$ 一定

　ウェーバーは感覚の基礎となる感覚器官およびその生理学メカニズムの研究に重きをおいており、そのためにこそ感覚を量的に捉える工夫が必要だった。これに対してフェヒナーは丁度可知差異という感覚を一つのモノサシにしてウェーバーの先に行こうとした。これがフェヒナーの貢献である（Wozniak, 1999）。

　フェヒナーは心的感覚が等差的に変化するためには、与えられる物理的刺激は等比的に変化させなくてはならないという推測のもとに実験を繰り返し行い（高砂, 2003）、次のような有名な法則を提唱した（Fechner, 1860, II, p.13の（3）式）。

　　$\gamma = k \log \beta / b$　（γは感覚の大きさ、βは刺激閾、kとbは定数）

　フェヒナーは自らが定式化したウェーバーの法則を足場として利用した。すでに述べたように「$\Delta x / x =$ 一定」という式は刺激と刺激の関係を表し

ているにすぎない。フェヒナーはこれを感覚を主題とする式へと書き換えたのである。感覚の変化は刺激の変化に対してある一貫した方法で従うとするなら、先の式を

　　$\Delta s / s = 一定$

とすることも可能になるだろう[*14]。さらに彼は Δs が微分可能であると仮定し、積分することによって感覚 s と刺激との関係を新たに定式化したのである。

　フェヒナーは丁度価値差異を弁別閾として捉え、刺激の存在自体が感知される最小の刺激強度である絶対閾（刺激閾）と区別した（高砂, 2003）。もともと感覚が無い状態から初めて感覚が生じる閾値についての研究は、フェヒナーにとっては意識されない感覚（下意識）を検討するという意味を持っていた。むしろこれこそが、フェヒナーの主要な問題意識であった。なお閾という用語は、すでに哲学の文脈でヘルバルトが用いていたものである。

　フェヒナーは閾値における感覚の発生や成立について研究するために、いくつかの方法を工夫した。与えられた刺激に対する感覚を報告してもらうための実験方法である。ここでフェヒナーは感覚そのものを被験者に記述してもらったのではなく、閾の存在のみを尋ねていることは注意を要する。被験者の報告は感覚を生じたか否か、違いを感じたか否か、といういわゆる「ゼロイチ判断」である。この点が最も重要な点であろう。どれくらいの重さを感じたかとかどんな感じがしたかなどを報告してもらうのではなく、差異があるかどうか（何も無い状態との差異が絶対閾、ある状態と他の状態との差異が弁別閾のことをそれぞれ示している）を報告してもらっているのである。

　フェヒナーは閾値を決定するために「丁度可知差異法」「当否法」「平均誤差法」の３種類の測定方法を考案した。これらはそれぞれ現在では「極限法」「恒常法」「調整法」として知られている（第１章表1-2参照）。

　刺激の値を体系的に操作することによって被験者（参加者）の反応の違いを得るということは近代心理学の方法における基本的パターンとなっている。その意味で実験方法の基礎はフェヒナーが作ったといえるのだが、その価値

を心理学の文脈に見いだして位置づけた人たちこそが後に心理学者と呼ばれることになるのである。

　ウェーバーの法則の数式が刺激同士の関係を表したものにすぎなかったのに対して、フェヒナーの法則の数式は感覚量と刺激との関係を表す関数である。そして、ウェーバーの研究は実験に基づいた数式化であるから、実験可能で数式による表現が可能だといえる。そしてこれはカントが要請した「心理学の科学化」の2つの要件に合致する。

　また、ウェーバーの法則とフェヒナーの法則を比べるなら、後者ではある種の予測も可能となる。後に科学哲学者のカール・ポパー（K. R. Popper, 1902-94）は科学の定義として、「科学理論は実験（客観的データ）によって反証できなければならない」と主張しているが、フェヒナーの法則はこの基準にも合致する。予測の当たり外れも実験で確認可能であるから否定することもできる。実際、フェヒナーの法則は刺激が極度に大きかったり小さかったりする場合にはあてはまらないことが確かめられており（これはウェーバー法則があてはまらないという理由にもよる）、一見すると法則の限界を示しているようであるが、こうした限定があることは、科学としての価値を減じるものではないのである。

　なお、フェヒナーは精神物理学を外的精神物理学と内的精神物理学とに分けた。前者は刺激強度と反応の関係を扱うもので、後者は身体内部の過程と感覚強度との関係を扱うものであった（Fechner, 1860）。後者の身体内部の過程については、今日では脳内の生理興奮過程として捉えることができるという考え方もある（Murray, 1993; 苧阪, 1994）。

4-3　反応時間と個人方程式

　心理学の方法において、フェヒナーの方法は精神物理学的方法と総称されるが、このほかにもいくつか重要なパラダイムがある。その一つが反応時間測定である。

　反応時間の問題が着目されたのは天文学におけるちょっとした事件がきっ

かけであった。これはまた個人差ということに関しても心理学に大きく関係している事件である。1796年、イギリスの天文台で計測をしていた助手が、所長との時間の違いを理由に解雇されたというものである。望遠鏡で空を見上げ、ある線上を星が横切った時にその時刻を報告するのが仕事であるが、その時刻が所長と一致しなかったのである。

20年後、1816年にケーニスベルグの天文学者ベッセル（F. W. Bessel, 1784-1846）がこの出来事とその顛末（てんまつ）に興味を持った。彼は望遠鏡の中の線の上を星が通った瞬間を知らせるということには、そもそも個人差があるのではないかと考えたのである。つまりベッセルは知覚的判断には個人差が存在すると考え、個人方程式を提案した。2人の測定者がいる時に、個人ごとの定数を考慮することで数値は合致するとしたのである。この問題への天文学者たちの関心は、測定機器の精度向上によって薄れていった。

ところが、この問題は形を変えて生理学者たちの興味をひくようになった。こうした反応の個人差は何に由来するのか、ということである。先の例で助手を解雇した所長は、測定報告のプロセスについて粗大なとらえ方をしており、報告した数値が自分と違っている人間は間違いだと決めつけていた。しかし、何かを知覚し、それを報告するということは、知覚し、判断し、弁別し、反応する、というプロセスを内包している（Mook, 2004; p.218）。反応時間を指標とすることでこうしたプロセスについて知識を得られるのではないかと考えたのが、当時の生理学者たちだったのである。

こうした問題に関心を持ったのが、オランダ・ユトレヒト大学教授で生理学・眼科学を専攻していたドンデルス（F. C. Donders, 1818-1889）であった。

彼は減算法と呼ばれる実験パラダイムを創案した。これは一連の2つの実験から成る方法である。実験1として、刺激（たとえば光）に対して一般的反応（たとえば1つしか無いボタンを押す）が起こるまでの時間を先に測定する。そして、実験2として異なる刺激（たとえば異なる光の2色）を提示して、ある刺激に対する弁別的な反応を行うまでの時間を測定する。そして、実験1と2の反応時間の差を見るのである（高砂, 2003）。

具体的にドンデルスの実験を見てみよう。概ね以下のようなものであった

（平野, 1994）。

(1) 実験者があらかじめ決められた Ki という発声をしたら被験者も Ki という（あらかじめ決められた）反応をする。これを a-反応時間と呼ぶ。
(2) 実験者は Ka、Ke、Ki、Ko、Ku のいずれかを発声するが、Ki と発声した時にのみ被験者も Ki と発声し、それ以外には反応しない。これを c-反応時間と呼ぶ。
(3) 実験者が Ka と発声すれば被験者は Ka、Ko と発声すれば Ko、Ki なら Ki というように反応する。これを b-反応時間と呼ぶ。

ある実験結果によると、a-反応時間が平均 201 ミリ秒、c-反応時間が平均 237 ミリ秒、b-反応時間が平均 284 ミリ秒となった。ドンデルスはこの３つの値を減算操作することで心的プロセスの時間を推定しようとしたのである。

弁別の心的過程の時間 ＝「c-反応時間」－「a-反応時間」＝ 36 ミリ秒
選択の心的過程の時間 ＝「b-反応時間」－「c-反応時間」＝ 83 ミリ秒

ドンデルスは（1）の実験は知覚して反応するまでの時間、（2）は知覚、弁別、反応の時間、（3）は知覚、弁別、反応選択、選択の時間をそれぞれ測定したと考えていたことがわかる。この実験パラダイムでは知覚と反応の時間を切り分けることはできないのだが、（2）から（1）を減算するなら知覚＋反応時間が切り分けられないことの影響を受けずに弁別のプロセスのみを取り出すことができると彼は考えたのである。

反応時間パラダイムの活用に関心を持っていたヴントは、ドンデルスによるこのような仮定がすべて正しいわけではないと考えながらも、いくつかの実験を複合的に行って減算法を行うことで、さまざまな心的プロセスの時間を測定し、そのことによって心的メカニズムの理解を進めようとした。彼は情報の統合を意味する統覚ということに関心を持っていた。ヴントは心的プロセスを有意衝動、知覚、統覚、認識、連想、判断という要素の集まりとして考えていたから、単純な加算、減算によってその理解が可能だと考えてい

た。しかし、後にキュルぺらの批判を招くことになった（平野, 1994）*15。

　ではなぜ、どのようにヴントは反応時間の研究を必要としていたのか、彼が心理学の成立に果たした役割とはどのようなものであったのか。

5　実験を中心にした心理学の成立

5-1　統括者としてのヴント

　従来の心理学史では、ヴントは「心理学の父、なぜなら心理学実験室を作った人だから」というかたちで認知されており、学範(ディシプリン)としての心理学は実験方法を開発したフェヒナーによって確立されたという主張がなされることさえあった。これはボーリング（E. Boring, 1886-1968）の『実験心理学史』（Boring, 改訂版 1950）の影響を受けているという意味で、ボーリング史観ということができるだろう。

　しかし、ヴントの功績は心理学実験室を作ったことだけではない。ヴントの功績は実験を心理学の主要部分に位置づけたことである。すでに見てきたように、当時の心理学においては（感覚生理学の影響を受けていることもあって）、感覚の問題が主要なトピックであった。

　ヴォルフの心理学が能力を、ヘルバルトの心理学が観念を対象にしていたのに対し、ヴントの心理学はその研究対象から考えると、意識を対象にした心理学であると言うことができる。

　フェヒナーによる『精神物理学要綱』（1860）という著書は当時のすべての人々に受け入れられていたわけではなかったが、ヴントはその意義を理解し、心理学の文脈に位置づけたのである。精神物理学という名称を用いたことからもわかるとおり、フェヒナーはそれまでの心理学の流れとは異なる場所に立とうとしていたのである。フェヒナーは「心理学」の実験法を開発するつもりなど全く無かったと言っていいだろう。しかし、ヴントはフェヒナーが開発した方法を心理学の文脈に位置づけたのである。このことによって、

心理学の科学化に関するカントの「不可能宣言」はほぼ克服されたと言えるのである。

ヴントは 1856 年にハイデルベルグ大学の医学部を卒業し、1858 年から 5 年間ホルツの助手をしていた。そしてハイデルブルグ大学で私講師を務めることになる彼は、1862 年以降「自然科学からみた心理学」「生理学的心理学」「心理学 ── 精神疾患をふくむ」「心理学」という題目の講義を繰り返し担当していた（Diamond, 2001）。

そして、ヴントの出世作は 1874 年に出版した『生理学的心理学綱要』である。この著において彼は、生理学と心理学との間に同盟関係を築くことで、従来の心理学の系譜をひく内観心理学に実験生理学の手法を取り入れたのであった（佐藤, 2006）。刺激を体系的に変化させることによって内観報告を実験的に得ることができるようになり、それによって心理学における実験の意味が明確になり、そのことが実験心理学という名称を不動のものにしたと考えられる（Wozniak, 1999）。

ここでの内観は言語報告まで含むものであり、被験者に求められたのは刺激を変化させた時の感覚の違いを要素に分けた上で要素間の関係として言語で表現することであったから、こうした繊細な作業のためにも実験室という独立した建築が必要だったのである（Fuchs & Milar, 2003）。現在であれば、独立家屋でなくてもこうした条件は簡単に作り出すことができるはずであるし、実際、心理学実験室は鉄筋コンクリートでできたビルの一角を占めるだけで十分である。

ヴントは、心理学において直接経験を研究対象の中心にすえた。これはフェヒナーが外界と内界の関係を問おうとしたことや、個別の感覚ではなく丁度価値差異によって感覚を理解しようとしたこととは異なっていた点である。ヴントは直接経験が要素（感覚、イメージ、フィーリング）によって成っていると考えていた。

直接経験と間接経験というのは若干の説明が必要である。ヴントはいわゆる自然科学を間接経験による領域と考えていた。つまり、意識などを媒介させなければ自然について理解することはできないので、「間接」なのである。

一方で、人間が自分の意識について内観するのは直接経験と言えるのである。

ヴントはすでに 1862 年の時点で「知覚説において」の中で、実験の拡張が必要だと訴えた。

> 観察者は、いつプロセスが導入されたか（始まったか）を決定できるようでなければならない。彼らはレディネスの状態、つまり、緊迫した注意の状態にいなければならない。それは、観察者が何度も観察を繰り返すことによって可能となる。実験条件は、統制された刺激操作による変動が可能でなければならない（Wundt, 1862; 引用者が英訳から転訳）。

内観法とは、単に自分の経験を言語化するだけのことを意味するのではなく、ヴントはそうした自己観察についてはこれを否定していた（高砂, 2003）。以下の文章に、そうしたヴントの考えがよく現れている。

> この分野（＝生理学的心理学；高砂（2003））[訳注]の問題はまた生理学にも密接に関連しており、生理学固有の領域へと拡がることもあるが、大部分の問題はこれまで心理学の領域に属していた。しかし、それらの問題を克服するために生理学的心理学が持ち出してくる知識というのは、母体となる両方の分野から借りてきたものである。心理学的な自己観察が実験生理学の方法と共に進み、後者の前者への応用から、実験的研究の固有の分枝として精神物理学的方法が発展してきた。ゆえに、方法の独自性に重点をおこうとするならば、私たちの学問は実験心理学として、一般的な純粋に自己観察のみに基づくような心理学（独 Seelenkunde）とは区別できる（高砂, 2003）
> [訳注]：ドイツ語の Seelenkunde は「心理学」を意味する古い表現で、例えて言うならば「医学」に対して「医術」というようなニュアンスを持っている（Wundt, 1874, pp.2-3；高砂（2003）訳；強調はヴント自身による）。

このようにしてヴントは、それまでの思想潮流に位置づく心理学と当時勃興していた新しい方法論とを生理学的心理学として統合した。そして、それが同時代の研究者の支持を受けることになったのである。生理学的心理学はやがて実験心理学と呼ばれるようになった（新心理学とも呼ばれた）。

ただし、ヴントは実験技法を重視していたものの —— 若干意外ではあるが —— 彼は自身のことを心理学者と規定したわけではなかったようだし、ましてや「実験」心理学者であるとも規定していなかったようでもある。ヴントはドイツにおける実験心理学者の会に入っていなかった。また、45年間に指導した186本の博士論文のうち、70本は哲学的色彩の強いものだった（Tinker, 1932）という。ではヴントが果たした心理学史上の役割の意義は何か、以下でもう少し考えてみたい。

5-2　1879年の意味

1879年＝心理学実験室設立、という紋切り型的な知識はもはや正しくない。近年の心理学史研究は、1879年にライプツィヒ大学で達成されたのは「私的セミナー」の公式化であるとされている（Bringmann & Ungerer, 1980）。そもそも18世紀後半のドイツの大学では、ある領域についてのセミナーはまず私的に始められ、それが十分に機能するようになった時に大学から公的に認められるようになるのであった。

ヴントは大学において博士の学位を授与するシステムを整え、学術誌『哲学研究』の出版体制も整えた（1881）。ボーリングは『実験心理学史』の中で、1888～1903年の間にこの学術誌に掲載された109本の論文内容を検討することによって、ヴントの実験室で行われていた心理学の内容を検討している。ここではロビンソン（Robinson, 2001）によるまとめを利用して、その特徴を見てみたい。

(1) 1/2以上が感覚・知覚領域であり、それは時期が下るほど増えている。
(2) 1/6が反応時間に関するもので、1890年より前である。
(3) 1/10が注意と感情に関するもので、1890年代に行われている。
(4) 連合に関するものが1/10よりやや少ないくらいある。

ボーリング（第2版, p.340）によれば、感覚・知覚領域の研究のほとんど

が視覚研究であった。視覚はニュートンからヘルムホルツにいたる伝統的研究テーマであるが、ヴントはフェヒナーによって確立された方法論によって新しい知識を蓄積したのである。光や色に関する研究が行われていた。次いで聴覚の研究がいくつか行われているが、ウェーバーの流れにのる触覚の研究はわずかである。同じく味覚研究もごくわずかにあるものの、匂いを扱った論文は『哲学研究』には掲載されていなかった。

5-3　同時代人に評価される存在としてのヴント ── 心理学実験の成立

　ヴントが立役者として賞賛されたのは同じような関心を持つ人が多かったからでもある。つまりヴントだけが心理学の科学化を行っていたのではなく、多くの人々が同様に興味を持ち、悪戦苦闘していたのである。イギリスには経験主義の系譜をくむベインがいた。フランスにはジャネ（P. Janet, 1859-1947）やビネ（A. Binet, 1857-1911）がいた。ドイツにはエビングハウス（H. Ebbinghaus, 1850-1909）がいた。アメリカには生理学から心理学に関心を移した（そしてさらに哲学に移っていった）ジェームズがいた。共に似たような関心を持ち、評価する人たちが存在するからこそ、ヴントの取り組みは大いに賞賛されたのである。

　たとえばベインは最初の心理学学術誌といえる『Mind』を創刊したが、これによって関心を同じくする人たちの知的共同体ができた。本章ではイギリス経験論の流れや進化論の流れを詳述することはできなかったが、ダーウィンが子どもの観察研究を発表したことも（Darwin, 1877）、心理学の学範形成には影響があった。

　統括者としてのヴントが登場してから、心理学は良い意味でも悪い意味でもまとまった一つの学範を作り上げていった。しかし本章ではそれらをすべて扱うことはできない。以下では補論という扱いとして、ヴント以後の心理学のあり方について、ヴントと同時代人の実験心理学者としてエビングハウスを、実験実習というシステムを作り上げたヴントの弟子としてティチナーを取り上げてみたい。

6 補論 —— ヴントと同時代、もしくは以後の心理学から

6-1 より高次な心理プロセスを —— エビングハウスの記憶研究

　まず、ヴントと同時代人の実験心理学者としてエビングハウスを取り上げて、当時の心理学実験がその対象を拡大し、実験手法が洗練されていく様子を見てみよう。実際、彼の著書を読むと、記憶を実験的に扱うための工夫と苦労を読み取ることができる。エビングハウスはベルリン大学でトレンデレンブルグ（F. A. Trendelenburg, 1802-1872）に師事した。普仏戦争に従事した後、1873 年にボン大学で博士号（無意識の哲学）をとり、その後は独学で研究した。1875-78 年はフランス・イギリスにおり、その間にフェヒナーの著書『精神物理学要綱』に出会っている。

　その後、感覚研究が成功を収めた心理学において、記憶や思考の科学的研究がなされていないことを漠然と知り、独学で記憶の実験的研究に挑んだ。1879-80 年までと、1883-84 年まで、実験を行った。最終的に 1885 年に『記憶について』(1885) を出版した。

　まず、エビングハウスの研究は、心理学の対象を高次精神過程に適用したところに意義がある。そして、彼自身が著書の副題として「実験心理学への貢献」と銘打っていることや、巻頭言として選んだ引用句（De subjecto vetustissimo novissimam promovemus scientiam; 最古の題目から最新の科学を我々は引き出す）からわかるように、科学的研究を推進させることこそエビングハウスの目標の一つだったと思われる。また彼の有名な「心理学の過去は長いが歴史は短い」という意識とも通底するものを感じる。

　現在、エビングハウスの実験結果は「忘却曲線」として知られている。時間経過とともに忘却が進むということが、実験結果によって示されている。だが、彼が算出したのは正確には節約率である。同じリストを再学習する際に必要な時間が、最初に学習したときの時間とどのような関係を持つのか、

ということを調べたのである。ここでは「忘れた」かどうかは、問題になっていないのである。

　再学習を行った時の時間の節約率（Q）＝（$t_1 - t_2$）/t_1 × 100
　　t_1：最初に覚えた時かかった時間
　　t_2：再度学習した時にかかった時間

　つまり、極めて重要なことであるが、この数式を算出するために測定する必要があるのは、時間のみである。
　リストを完全に覚えるという状態は、行動レベルで把握することが可能である。そして、何もしないでいれば、リストを完全に思い出すことは難しい。そこで、覚える努力をする。すると、2度目は最初の時よりやや容易に覚えることができる。今、覚えることができるといったがこれは曖昧であり、言語的に再生できる、というのがふさわしい。記憶そのものにアクセスすることは原理的に不可能なのである。また、彼は、普通の単語を用いるとその語のもつ意味が邪魔をして、正確な実験ができないと考えた。そこで用いられたのが無意味綴りなのである。
　時間と節約率をプロットすると、いわゆる忘却曲線が得られる。この忘却曲線について、実験式と数理モデルを適用できる。
　ここにおいて、感覚レベルではなく記憶という高次な心理過程において、実験することと数式で表現することが達成できたといえるのである[*16]。
　カントが考える科学の要件、実験と数式化を可能にする工夫が、無意味綴りと節約率だったのではないだろうか。なお、当時の科学志向を見て取れる研究テーマとしては、たとえば混色の実験がある。360度の円をいくつかに分割し色を塗る。それを回転させた時にどのような色感覚を得られるか、という実験をするのである。いわゆる3原色の色を角度を変えて塗って回すとどうなるか、というような研究が行われていた。混色器という実験器具も開発され、現在も使用されている。

6-2 ティチナーによるカリキュラム整備 —— 基礎実験

ヴントのもとで1892年に学位をとったイギリス人のティチナーは数か月後にはアメリカに移住し、コーネル大学に心理学実験室を開設した。彼は実験室においていかに実験を行うべきかに関するマニュアルを4巻本の『実験心理学』(1901-1905) として出版した。全4巻は2巻がインストラクター用、2巻が学生用になっており、それぞれが定量的実験と定性的実験から成っている。現在、この本について直接知っている人は少ないかもしれないが、多くの大学で行われている心理学基礎実験の方法自体がこの本に負っているのである（Popplestone, & McPherson, 1999）。

日本の例をあげれば、元良が最初に行った精神物理学の講義（1888；佐藤, 2002, p.117）や、その後東京帝国大学心理学教室が出版した『実験心理写真帖』（東京帝国大学心理学教室, 1910）、京城帝国大学の実験実習マニュアルや学生のレポート（佐藤, 2002, p.436-438）を見てみれば、初期の心理学が何を重視していたのかがわかる。あるいは現在でも行われている各大学の実験実習において触二点閾の実験が含まれているなら、それはティチナーの影響なのである。

7 おわりに

どのような学問分野でも、問題意識の数を方法の数と比べたならば後者の方が少ないはずである。このことは、方法にはある程度汎用性があることを意味するし、個々人の学問実践においては、数少ない方法を自身の問題にチューンアップしていることを意味する。したがって問題意識に裏打ちされた方法論の習得は、非常に重要な意味を持っていた。方法を知ることこそが、自分で問いを見つけて解くための必須の条件なのである。なぜならこうした方法を知らなければ、従来型の延長線上の問いにしか目が向かないからであ

る。これまでの学問とは異なる問題を見つけることこそが新しい学問の成立であり、逆説的ではあるが、それには問題を解くための方法への真摯な取り組みが必要となるのである。心理学前史はまさにそうした取り組みの歴史であったが、方法論の整備は心理学を設立すること自体を目的として行われたのではない。あくまでも個々人の問題意識に支えられて成り立ったのである。

本来、本章では心理学における多様な方法論の展開を追う予定であったが、実際には心理学において実験という手法に収束していった様をドイツの哲学・思想状況というある視点から描写するにとどまった*17。カントの不可能宣言とその背景、フェヒナーの精神物理学的手法にいたる径路とそれに直結したヴントによる心理学の統合が、本章のメインテーマとなった。カントは心理学に少なからぬ興味を持っていたが、フェヒナーは心理学に関心が無かったという皮肉な状況があった。ただしフェヒナーによる方法論を受け入れなければいけない文脈を構成したのはカントの不可能宣言だったという事情もあり、それを心理学として体現したのがヴントだったのである。

そして、ヴントによって心理学が統合されると、方法論が適用される範囲がどんどん広がっていった。感覚や知覚をどのように説明するか、本能、反射、習慣、といった概念で人間の反復的行動を説明できるか。また、注意、記憶、知能といったより複雑な人間の性質についてどのように理解するか。そして以上のようなプロセスの個人差の存在や異常的な振る舞いをどう扱うか。単なる差異ではなく、人間に一貫しているかのような性格の差異として扱うべきなのか。

精神的異常、子どもの教育のための子ども理解、異人種。コトバが通じないように見える人や動物をどのように理解すべきなのか。一方で進化論は動物と人間の連続性を見いだせと迫ってきていた。枚挙にいとまがないこうした人間への興味がどのように思想史的に形成されてきたのか、その理解があって初めて方法の確立による心理学の確立の意味が理解されるであろう。

新心理学の基礎となったのは3つの領域の実験的研究であると（新しい心理学史構築を目指す）リードは言う（Reed, 1997/2000）。反射機能の研究、反応時間の実験、そして精神物理学の研究である。本章では反射研究については

ほとんど触れることはできなかったが、たびたび指摘したように、心理学は方法によって確立したのではない。それまでの問題意識を扱い解を得ることができる方法が真摯に開発され（あるいは他からアブダクション（転想）もしくは転用して）、そうすることでさらに新しい問いを見つけていくことができたからこそ、学問分野として成立したのである。こうした事情は分子生物学など、多くの他の分野の事情と同じである。方法が切り開いたのは問題意識なのであって、方法が方法を切り開いたのではない。

19世紀までの心理学が細々とではあったが抱えていた問題関心の火を、19世紀半ば以降に、実験という方法が燃料となって大きな炎を燃えさからせることになったというのが心理学のあり方だったのだろう。方法は飛躍のきっかけであって、連綿とした問題意識があってこそ、方法が生きるのである。繰り返すが、方法が学問そのものを作り上げたのではない。

もっとも、この炎が大きくなり業火となったこともあった。劣った人種を同定し消滅させることを目的とした優生劣廃学の道具として用いられた心理学の知見もあった。本章ではそのような展開について扱うことはできなかったが、そうしたことに思いを巡らすことも必要であろう。

エビングハウスは「心理学の過去は長いが歴史は短い」と言った。この長さを私たちはどのように考えたらよいだろうか。単にアリストテレスにさかのぼる、というような意味で「古さ」を自慢するのではなく、長さの質を実感することが重要であろう。あるいは、ベルグソン（H-L. Bergson, 1859-1941）の言うような持続（durée）を実感することが重要であろう。

最後に、本章では全く触れることはできなかったが、こうして成立した近代心理学をなぜ日本の学者はわりとすんなりと受容できたのだろうか。これについては幕末期にオランダ留学を行った西周が、心理学を含む人文社会科学を広範に学び、かつ心理学そのものを非常に評価していたことが一つの要因であると思える（佐藤, 2005）。西については、第6章で取り上げる。

注

*1　この問いには、なぜ「感覚・知覚」を研究するのかということが書かれていないことに留意すべきである。

*2　多くの場合このことは、心理学の哲学からの独立というかたちで語られる。ただし、リードの『魂から心へ』(1997)によれば、逆の見方もできるという。つまり、いわゆる哲学が今日のようなかたちとなったのは、感覚・知覚の科学的研究に対抗するためであるという仮説を立てているのである。ヤスパース、フッサールなど多くの哲学者が20世紀初頭前後に心理学を批判的に取り扱った論考を発表しているのは、科学的態度の膨張を批判しなければならなかった事情を裏書きしているということになる。

*3　たとえば、鎌倉幕府の開始の年というものは教科書的に言えば従来1192年とされていた。源頼朝が征夷大将軍（いわゆる将軍）に任じられた年をメルクマールとしていたのである。しかし近年では、頼朝の権力・統治機構の成立を、平家が滅亡し朝廷から守護・地頭の設置を認められた1185年にさかのぼらせようとする意見が主流となっている。ちなみに、幕府という呼称も江戸時代以降のものであり、鎌倉時代の人々が幕府開設などと言ったわけではない。ついでながら、鎖国などの概念も同様に後から命名されたものであり、「これから鎖国します！」と宣言した人はいない。バブル経済にしても同様で、「バブル経済が始まります」とか「バブルがはじけます」と宣言した人はいない。

*4　さらに言えば、実験が心理学においてどのように相対的地位の低下を招いたのかという問いも立てうる。読者諸賢におかれてはそうした問いを想定して読んでみても面白いだろう。

*5　ディドロの主張は理性主義を基盤とする考えには打撃を与えたが、経験主義の完全な擁護になっていたわけではない。視覚が経験を通じて生成されていくという意味で、経験を従事するタブララサ（白紙）説のように、初期設定された何かに経験を通じて何かが蓄積されていくというものではなかった。いわゆるモリヌークス問題はディドロによって、視覚と触覚の片方が機能しない場合など、2つの感覚器官の受け取る認識が異なる場合にはどのような統合がなされるのか、というように形を変えた。鳥居・望月(2000)の意義を検討した遠藤(2007)が正しく指摘するように、この問題は現在でもなお主要な問題として存在しているのである。

*6　ザイエンス（Zajonc, 1993）に間接引用されているモロー博士の言によれば「先天的に目が見えない人に視力を与えるのは、外科医の仕事という

より教育者の仕事である」とのことであり、この言葉は視力を得ることと物を見ることの違いをよく表現しているように思える。

＊7　高砂（2003）による「理性主義」と「経験主義」の説明を掲げる。理性主義（rationalism）は合理主義あるいは合理論ともいい、人間の理性には生得的にある種の観念（idea）が備わっており、それによって数の概念などが理解できると考える立場である。経験主義（empiricism）は経験論ともいい、イギリスで発展した考え方である。理性主義によれば、人間には理性があるのでうまく外界を認識できると考え、経験（なかでも感覚）の役割を軽視していた。理性主義の立場に反して17世紀イギリスに起こったのが経験主義であり、経験主義では感覚的経験を通して観念が得られると考えていた。あることが真であるかどうかはそれを経験した人にしか認識できないことになりという主張にまで発展する。このことは、理性主義のもとでは絶対的な真理というものが可能であったのに対して、経験主義ではせいぜい蓋然的（確率的）な真理しかありえないという哲学的視点の転換をもたらすことにもなった。

＊8　このような科学の定義は、たとえば科学にはポパーが言うような反証可能性が必要だというような定義とは非常に異なっている。読者諸賢におかれては、科学ということの考え方自体も、時代によって変化していくものだということに注意を払ってほしい（西脇、2004）。

＊9　犬竹（2000）は「Seelenlehre」を心理論と訳しているが、精神論と訳す訳者もいたことに注意されたい。たとえば戸坂潤訳（1928）がそうである。

＊10　犬竹訳（2000）では「historische」を記述的と訳しているが、他の訳書や論文中の部分訳では、史的、歴史的と訳されることが多い。本章ではそれぞれの訳者の訳に従ったことを諒とされたい。

＊11　たとえば、「国立大学の発展」という本があり、その序文に「大学といえば歴史からいって国立（大学法人）の方が重要であるから、大学の発展という本に国立と付けて私立大学のことを扱わなかったとしても、それは理解されるだろう」と書いてあったら奇異だろうし、逆に「私立大学の発展」という本の序文に「大学生の多くを教育しているのは私立であり、アメリカなどでも私立の方が優位である。だから、大学の発展という本に私立と付けて国立大学のことを扱わなかったとしても、それは当然である」などと書かれていたらこれまた奇異であろう。

＊12　ヘーゲルに至っては、当時の心理学が全く哀れな状況であり、心理学に関する最良の書はアリストテレスの『デ・アニマ』（De anima）であると

言っていたとさえいう（Bell, 2005; p.163。『デ・アニマ』の心理学史的意義については、高橋, 1999 を参照されたい）。

*13　たとえば、ウェーバー（Weber, 1846）によれば、長さの弁別は 1/100 である。また、面白いことに同じ重さの弁別でも、皮膚に押しつけて重さを感じる場合には 1/30 の差を弁別できるとのことである。

*14　Δx は Δs と等価ではなく、x と s も等価ではない。しかし、それぞれ一定の関係で対応しているのだから、両者とも置き換えればその式が一定であるという関係も変わらないと仮定したことになる。

*15　反応時間を指標にする実験は認知心理学の勃興によって再び脚光をあびることになった。反応時間パラダイムにはさまざまな批判はありえるが、時間をモノサシにした以上、時間経験を扱うことができなくなったことは重要な問題であろう。

*16　このような問題意識はフランスのビネも持っていた。なぜ心理学者は感覚レベルの研究にとどまるのか、ということである。人間の知性についてより包括的かつ実験的に捉えようという試みが、いわゆる知能検査につながっていったのである。

*17　たとえば本章で扱えなかった問題に、反射の問題がある。18 世紀後半に活躍したスコットランドの生理学者ウィット（R. Whyte, 1714-1766）は、条件反射として知られる現象を記憶の問題として扱っていたなど、多くの興味深い問題意識が存在していた（Danziger, 1997; 訳 p.102）。

第5章
心理学と科学の関係を考える
—— ゲーテ『色彩論』を補助線に

1　科学にこだわる心理学者

　心理学をしている人は、非常に屈折しているようである。筆者も学生のころそうであったが、心理学は科学であると言わなければいけないし、言ったら言ったで、本当に科学的かどうかを考えなければならない[*1]。それには、科学でない心理学がありえる、あるいは心理学は科学ではないと信じている人がいるなどさまざまな理由があるが、心理学が成熟しているという事情も見逃せない。ある一つの学問が生まれるかどうかという時に、はたしてこれは科学だろうかなどと悩んでいる人はいない。心理学が科学か、という問題は、どうやら日本の教育心理学界に存在する「教育心理学の不毛性」に関する議論と同じだと思われる。なんと日本の教育心理学は「不毛だ！」と言い続けてすでに40年たっている。不毛性論争の不毛性と言われるくらいである。ただ、やはり学問自体がそれなりに成熟して基盤が盤石になっていないと、そうした悩みを持つことは不可能であろう（サトウ, 2002参照）。

　もっとも、なぜ心理学が科学かどうか思い悩まなければいけないのか、ということについては個別特殊な事情もある。近代心理学成立神話というのがあるからである。これはボーリングによる『実験心理学史』がベースになっている。それは、心理学の科学化が心理学を哲学から独立させたのであり、その主人公はヴィルヘルム・ヴントで、彼こそが心理学を独立させた、というストーリーである。ところがこの「神話」が、最近、心理学史の中で大いに問い直されている。「心理学史なんて何が面白いの」と聞かれたりするが、

心理学史の枠組み自体が最近非常に揺らいでおり、ボーリングの『実験心理学史』を成り立たせている考え方自体をもう一度見つめ直していこうというのは、チャレンジングな仕事ではないだろうか。

2 カント「心理学は科学にならない」宣言を知る

　心理学が科学かどうかということを検討する時に面白い素材がある。それは哲学者カントである。カントは『自然科学の形而上学的原理』(1786) の序文で、「心理学は科学にならない」ということを書いた（もちろん、当時の心理学というのは、今とは異なる）。これに対してナヤックとソトヤックが不可能宣言（impossible claim）と名づけたので（Nayak & Sotnak, 1995）、今日ではカントの不可能宣言と呼ばれている。

　このカントの言明（宣言）については、今までほとんど顧みられることがなく、ただ心理学は科学化に成功して発展した、ヴントの心理学実験室の成立を持って歴史の始まりとする、という歴史が語られてきた。この見方は提唱者の名前にちなんでボーリング史観と呼ばれる。つまり、心理学は科学化によって独立した、という見方をわれわれは信じ込まされているという言い方もできるわけである。起源を決めて始まりを語るというのは、歴史の非常に重要な仕事なのでそのこと自体は否定しないが、本当にそれが始まりであるかどうかは問い直す必要はあるだろうと思われる。心理学が突然科学化するというはずもなく、科学化をもたらした文脈があるはずである。そこで、筆者はカントがなぜ不可能宣言をしたのかを調べ、一端を第4章で述べた。

　普通に考えれば、わざわざ『自然科学の形而上学的原理』という本の序文で、心理学は科学にならないなどと言う必要は無い。そう書いたということは、何か理由があったのだろうと思わざるをえない。この序文の中でカントは、自然論には、物体論と心理論というのがある、と言っている。心理論というのは、魂とか判断（力）とか、そういういくつかの関連するもの（ものとは言えないが……）の複合体のようなものであるが、簡単に言うと、延長

があるものではなくて思惟を指している。

　そして、自然論を構成する物体論と心理論のうち、科学と結びつくのはどちらなのかというと、物体論だということになる。彼が科学という場合の科学の定義には２つの着目点があった。まず、数学 —— 特に幾何学 —— を重視していた。さらに彼が重視したのは、実験である。実験できるということを重視していた。したがって自然論のうちで、科学といえば、実験でき数式で表現できる物体論以外無いのだと、とそういうことをカントは言ったわけである。そして、心理論は科学にならないということも強調したのである。今から見れば、『自然科学の形而上学的原理』というタイトルの本が物体論を扱うのは当然とも言える。自然科学というタイトルで心理を扱うと思う人はいない。しかし当時は自然科学には物体論と心理論が含まれるとされていた。そこで、この本には心理論が含まれないが、上記の理由でそれでよいのだという言い訳を行ったのである。これはたとえて言うと、『お笑い系としてのスマップ』という本があった時に、キムタクのことを扱わないといって怒るな。「スマップ」という本をとった時にキムタクのことが載っていなければ怒る人がいるだろう。それはわかる。だが、「スマップでお笑い系」といえば中居君のことに決まっているわけだから、「お笑いとしてのスマップ」の中に中居君のことしか書いてないのは当然である、ということを序文で言ったような、そういう感じだと思われる。

　もちろん、カント自身は、自然を科学的に扱うとしても、科学だから実験できればいいというわけではなく、その前に形而上学的前提こそが必要だと考えていた。この本には移動とか速度とかそういうことが書かれている。

　この本自体は、簡単に言ってしまえば物理の本である。ところがその序文で、心理学は科学にならないと言ったのでややこしくなってしまった。これは深読みすると、魂に関することを科学としてやっていくと、ガリレオやコペルニクスがやったようなことを心に対しても適用することになり、神の否定やキリスト教の否定につながりかねないので、宗教的にまずいことになるのではないかと予見して、あえて組み込まなかったのではないかと考える人もいる。いずれにしても、カントは心理論に対して、実験や数学を適用でき

ないので科学とはならない言ったのである。心理学と科学の関係を考える時の重要なポイントであると思われる（第4章参照）。

3 心理学の科学化を導いたもの

ところが、カント以降、心理学の科学化が萎えてしまったかというとそうではなかった。むしろ、実験や数学を適用する可能性を追求しようとした。その一人がヘルバルトで、彼も哲学者であり（あるいは教育学をやっている人には、教育学者として著名であろう）、カントが引退した後にケーニヒスベルク大学でその後を継いだ。ヘルバルトは表象を数式で表そうと考えた。しかしこの試みは、今では残念ながら歴史的な意味しかない。

では、何が心理学の科学化を導いたのであろうか。私たちは、1879年に心理学の実験室ができたから科学的な心理学が始まったというように理解しがちであるが、それは単純すぎる。しかし、なぜこういう言説が可能になったのか、その背景を考えることには意味があるように思われる。なぜヴントの心理学実験室が脚光をあびたのかというと、そうしたことに興味を持っている人がたくさんいたということがあげられるだろう。1879年頃、かなり多くの人が「科学に向かう心理学」ということに関心を持っていたようである。ヴントは、わりと手際よく当時のさまざまな潮流をまとめあげ、その統括者となった。だからこそ皆の関心を集めたのだと思われる。

今一度、ヴントの少し前の時代のことを考えてみよう。カントからヘルバルトにかけての心理学では、記憶とか観念が自動的に沸きあがってくるのはどういうことなのか、あるいは、反射のような行動について、どうしてある時にある行動が意志とは無関係に出てしまうのか、ということに興味が持たれていた。当時で言えば —— まだ心理学者はいなかったので —— 哲学者や感覚生理学者たちがそういう興味を持っていたし、また実際に研究をした人々もいた。そういう中で、感覚生理学者ウェーバーや、物理学者フェヒナーが、心理論の領域の端の方に参入してきた。ウェーバーは、触覚の研究をした人

である。触覚がなぜ重要かというと、世界と人間とのインターフェースだからである。触覚には少なくとも圧迫の感覚と位置の感覚と温度の感覚がある。彼はコインを皮膚上に1枚ずつ置いていく時に、温かいものは冷たいものに比べて重さを感じない、というようなことを言った。そして有名なのは、触二点閾である。2つの刺激を皮膚の一直線上に同時に与える時、その距離間隔を段々短くしていくと、ある距離以下では、それが二点と感じない。そういう実験を行ったのである。重さについても同様の実験ができ、ある重さから少しだけ重さを増やしても、重さの増加を感じない。ある種の段階を越えないと重さが変わったと感じない、ということを言った。たとえば、一円玉や十円玉を1つずつ手のひらに載せていっても、重さの違いはナカナカわからない。しかしある時に、ぐっと重くなるような感じになる。以下余談であるが、筆者は小学校時代、戦国時代の本を読んでいて、お城を作る時に、石垣用の大きな石を運んでいる挿絵があった。するとその石の上で、太鼓を叩いたり笛を吹いている人がいる。それを見て、「そんなことやっていないで運んでやれよ」と思ったのであるが、ウェーバーの法則からすると、人が乗っかったことの重さは感じないはずである。石垣用の大きな石の上に人が3人くらい乗っても何の問題も無く、むしろ石の上で音楽を演奏してくれた方が一緒に息を合わせて引けるというメリットがあるわけである。謎が解けた、ああ、心理学をやってよかったと思ったことの一つである。

　さて、ウェーバーは、重さと重さの関係、刺激と刺激の関係を示したが、フェヒナーは、これを感覚と刺激の関係に置き換えて法則を作った。物理量が等差的に増えたからといって、感覚も等差的に増えるわけではない、感覚というのは、対数（ログ）に対応する、ということを言ったわけである。すなわち、音の大きさを2倍にしても、大きさは2倍に感じられるわけではない。彼はこの法則を導くために非常に多くの実験方法を考案してデータを収集した。

　フェヒナーは数多くの実験をして、その結果に基づいて感覚と刺激の関係を数式に表した。そこで、このフェヒナーの方法と法則の確立をもって、事実上の科学的心理学の完成だという解釈も成り立つ。しかし筆者自身はこの

見方に賛成できない。なぜかというと、フェヒナーは心理学をやるつもりはなかったからである。ウェーバーも同様である。彼らは、感覚のことが知りたかったのである。フェヒナーはさらに、いわゆる閾値以下の、刺激を感じない時にわれわれは何を感じているのか、そういういわゆる無意識の感覚のようなことを知ろうとした。だから哲学の流れの中にあった心理学とは全く問題体系が違っていたわけである。もちろんフェヒナーたちが確立した方法は心理学に役立ったかもしれず、結果的に心理学実験の方法を整備したということは言えるかもしれないが、それ以上ではない。心理学を科学化したい人たちがこうした方法を参考にしたことは事実であろうし、非常に重要な契機だったことは否定できないとしてもである。

そして、いったん心理学が科学として成立すると、いくつかの憂慮すべき問題が出てきた。たとえば時間の軽視、無視とか、ランダムサンプリングの神聖化などである。これは実際おかしな話で、発達とか性格とか社会の領域で、ランダムサンプリングしなければならないというのは、科学化のゆがんだ圧力であると思われる。また、客観化とそれを可能にするための方法論的行動主義がもてはやされ、有意性検定によって科学としての体制を整えることにやっきになっていった。大学の卒論検討会などでは、結果を検定にかけないと、そこに出ている結果を信じられないと言う人もいて驚く。しかしこういう方法だけが科学であるための道なのであろうか？

4　もう一つの科学を考えるためのヒントとしてのゲーテ

ここまではカントの「不可能宣言」を一つの補助線として、心理学と科学の関係を考えてきた。科学とは何かという問題は科学哲学に任せるべきことかもしれないが、ここではカントが依拠したところの科学（つまりニュートン的な科学）以外の科学の可能性について考えてみたい。

科学＝ニュートン的科学という前提に立つと、質的心理学が科学かどうかを考えるのはたいへん厳しいことになる。しかし、なにごとにもオルタナテ

ィブ・オプションズ（代替選択肢）は大事なのであり、むしろ、科学のあり方自体を柔軟に考えることはできないだろうか。

　ここで取り上げるのは、ゲーテ（J. W. von Goethe, 1749-1832）の自然科学である。まだあまり読み込んでいないので申し訳ないが、せっかくなので紹介したい。

　ゲーテは、『ファウスト』や『若きウェルテルの悩み』という本の著者として有名であるが、彼は、『色彩論』こそが自分の主著だと考えていたようである。

　『色彩論』は1810年に出版されたが、教示篇・論争篇・歴史篇の三部からなる大作であり、実に約20年かけて執筆したといわれている。そして、ゲーテはこの『色彩論』の論争篇において、ニュートン科学は間違っているということを執拗に言っている。当時においてはもとより今でさえも、ニュートンが間違っていると言うのは、ドン・キホーテ的な行為であって、ゲーテの科学論に対する評価は当時から芳しくなかった。ただし、この30年くらいそうした考え方は払拭されつつあり、ニュートン的な分析科学でない自然科学がありうるべきだ、もう一度ゲーテを精読するべきだという流れになってきている。ゲーテの色彩論も非常に興味をもたれていて、もう一つの自然科学としてのゲーテ自然科学が注目を集めているのである。実際、日本ではこの超大作『色彩論』の完訳版も出版された。

　ゲーテの科学は、形態学（形がどうなっていくのか）と色彩論が両輪になっている。チュイリエ（P. Thuillier）の著書『反＝科学史』（1980）によると、ニュートン科学以外の科学を考える時に、ゲーテの科学というのは一つの選択としてありえる。それは定量的抽象を排し、量に反対して質を擁護するという特徴を持っている。

　さて、ゲーテの色彩論において、彼はニュートンが行ったプリズムによる分光（スペクトル）実験などに反対している。

　色については、大きく分けて2つのモデルがある。1つはわれわれが理科で習っているもので、色は波長だというモデルである。可視光の範囲があって、その範囲内で色を感じることができるし、見えない領域も存在するが、

それは生物種で異なり、人間が見えない色を見ることのできる生物もいる、などということが教えられる。波長と色が1対1対応しているモデルである。

このモデルの基になったのが、ニュートンの光実験である。プリズムで光を分析する有名な実験である。太陽光をスリットに通し、それをプリズムに当てると波長により光線が分けられ、色に分かれる。だから太陽光は、識別可能な7色の光のブレンドである、ということになる。別れた光をもう一度スリットを通してプリズムに入れても、同じようにさらに分かれることはない。したがって、スリットとプリズムは光を分解する器械ではなく、ブレンドされたものを分ける器械なのだということが主張できるわけである。

ところがゲーテは、簡単に言うと、暗室に太陽光を入れて分解して光を語るのはナンセンスだと言ったのである。自然光をそのままプリズムに当ててみれば分光されない。われわれの光についての経験はそういうものなのだから、その経験を基本にして考えるべきだということを言っている。もちろん（というべきか）この主張は誤解され、実験精神をわかっていない、と批判された。しかしゲーテ的な立場に立つなら、現象としての光を考察すべきだということであって、色が実験できるかどうかという問いはそもそも不毛なのである。また、ゲーテは彼の『色彩論』が染色屋のような職人、色彩の実地家を満足させるために書かれたと宣言しているという（Thuillier, 1980）。「真に実践の人」の方が、「数学者よりも早く理論の欠陥や誤りに」感づくからである。ここにおいてわれわれは、実践家と数学に依拠する理論家の対立があり、ゲーテの科学が実践家を志向していたことを知ることになった。実践者のための科学という文脈でも、ゲーテが読み直される必要があるように思われる。

なお、ゲーテは全く実験をしなかったわけではない。むしろ多くの工夫された実験を行っている。ゲーテはニュートンのような人工的な実験条件を批判したのであって、実験そのものを否定したわけではなかったようである。

さて色についてであるが、色が見えない状況を考えてみよう。そもそも闇の中とかまばゆい光の中では色は見えないことがわかる。ゲーテいわく「われわれは曇りの中で光を見ている」。ゲーテがやった実験というのは、非常

第5章　心理学と科学の関係を考える

に明るい状況から光をちょっとずつ段々暗くしていくと、どういう色を感じられるかというものである。白だけだったのが、黄色が見えてきて、橙が見えてきて、黄緑が見えてきて……という感じで見えてくる。最後に見えてくるのが赤紫である。一方、真っ暗闇から明るくしていくと何が見えるかというと、黒から青が見えて、というように色が増えていく。そうすると、この場合も最後に赤紫が見えてくる。そうした経験をもとにして、赤紫という色（の感覚）をキーにして、それをつなげて円環を作ったのがゲーテである。色を円形に配列した色彩環は、ゲーテが最初に作ったとも言われている。ゲーテの色彩環は、赤を頂点にして底辺の両端に黄と青を配した三角形に、橙と紫を上辺の両端に配して緑を下の頂点にした三角形（下向きの三角形）が重ね合わされたものであると見ることもできる（なお、色を紙上に表すのは難しいので、ウェブサイトなどで確認することをお勧めする）。

　すでに見てきたことからわかるように、ニュートン的な理解でいくと色は波長との対応であるから、色彩環にはならない。ここには、波長との対応を優先するのか、われわれの感覚を優先するのか、という問題がある。モデルとしての色彩環を最初に説得的なかたちで提出したのはゲーテであった──もっともニュートンも、色をオクターブ（音）と関連付けて一種の円に仕立てていた。

　ゲーテの色彩論（1810）の緒言を見てみると、「色彩のことを論ずるならまず光のことに言及すべきだという」疑問が出されることは知っているが、それはしないといきなり述べる。ここで「光のこと」とはニュートンが行った光の実験やそれに基づく考察のことを指しているのは明らかである。その後ゲーテは「われわれが事物の本質を言い表そうとするのは、本来徒労だからである」と続ける。色なら色の本質が光（の中）にあると考える考え方がある種の本質論と呼べるのだろうが、ゲーテはそのような道を選ばない。「われわれが知覚するのは種々の作用であり、これらの作用をもし記述すれば、その事物の本質をどうにか包括することになるだろう」という立場をとるのである。私たちはすぐに因果とか本質を考えるが、作用ということは興味深い。作用は（日本語の因果に対して）因縁というのが合っているように思

われる(インネンをつけられるみたいな用法もあるので、ちょっと難しいかもしれないが)。作用をもれなく表現すれば本質 —— そういうものがあるとして —— にも迫れるかもしれない。ゲーテは、性格についても述べている。「人間の性格を描写しようとしても無駄なのに対して、その業績や品行を拾い集めてみればその人柄が彷彿としてくる」。「人間の性格を描写しようとしても無駄」、いい言葉である。心理療法に対しては、原因がわからないのに治そうとしている、治る時と治らない時があり、よくわからない、という批判が浴びせられることがある。こうした批判は理解できるものの、それは因果モデルに依拠した場合にのみあてはまる、というように考え方を変えてもいいわけである。医療モデルのように、原因を追求して根本的に治す(根治)というモデルではなくて、症状の機能(function)、あるいは作用という点から見てゆくこともできるのではないだろうか。機能主義(functionalism)というものを改めて考えたいと思っている。

5 科学としての質的研究 —— モデルということ

　質的経験の表現については、筆者はモデルというものを使って(モデル構成を目指して*2)質的研究を行うべきだと考えている。だが、モデルを世界の実在だと捉えている人が非常に多いのには少し困っている。モデルとしてすぐ頭に浮かぶのは分子モデルのようなものであろう。そして、心理的な現象をモデルの枠にはめて理解するのはいかにも近代的な発想だと批判されたりしているらしい。しかしモデルというのは、分子モデル的なものだけではない。多様性であるとか質感のようなものを理解して記述するには、モデルを使わないとどうにもならないと思うわけである。先ほどのゲーテの色彩環も、まさにモデルである。色の真実を現しているのではない。このことは、色のモデルと称するものがいかにたくさんあるかを考えればわかることである。波長との対応を考える一次元スペクトラムモデルもあるし、色立体モデルなどというものもある。

筆者たちは今、時間の充満した中に人間を捉え、システムとして考えるようなモデルを作りたいと思っている。いろいろなものの関係の中で時間とともに徐々に徐々に変わっていく、発達を考えるモデルである。発達段階のように、必ず一定の順序でぱきぱきと変わっていくとは考えない（サトウ他, 2006; Sato et al., 2007; サトウ, 2009）。本質主義のように、一定の方向に発達していくとは仮定しない。発達に方向性を考えないモデルが作れれば、質的研究は大いに可能性があるのではないかと思う。科学ということを考える時には、オルタナティブな科学について考えることも大事である。本章ではそのための補助線としてゲーテの色彩論に注目し、ゲーテ的な自然科学に基づく質的研究ということの可能性について考えてみた。

注
* ＊1　心理学が本当に科学であるかどうか考えるには、科学とは何か、について問う必要がある。筆者やその仲間である渡邊芳文や尾見康博（共に敬称略）はそのように考えて、科学史や科学哲学にも手をのばしていた。こうしたことを考える心理学者は少ない、と気づいたのはかなり後になってからである。
* ＊2　モデル構成については、やまだ（1997）「モデル構成をめざす現場（フィールド）心理学の方法論」（やまだ編『現場（フィールド）心理学の発想』新曜社）を参照されたい。

付記
　この問題についてはどうしてもカラー図版を載せたいという気持ちになる。『心理学ワールド』51号（2010年10月）に「光と色をめぐるニュートンとゲーテの立場」を執筆したので参考にしていただきたい。また、ウィキペディアなどで「ゲーテ」の項を見るとゲーテが創案した色環を見ることが可能になる。

　ゲーテ色彩論は完訳版もあるが、まずは文庫版『色彩論』（木村直司（訳）ちくま学芸文庫）を手に取ってみると良いだろう。

第 III 部

日本における近代心理学をめぐる争点

第6章　西周における「psychology」と「心理学」の間
第7章　元良勇次郎
第8章　日本の近代心理学成立期における境界画定作業

第6章
西周における「psychology」と「心理学」の間[*1]
―― ヘヴンの精神哲学を補助線に

1　西周、「psychology」、「心理学」

『西周哲学著作集』を編んだ麻生義輝はその解説において、「哲学の諸科中、彼（西のこと＝引用者）は論理学以外には心理学に就て最も多く研究を積んだようである」と指摘している（麻生, 1933）。また、西周自身は晩年にあたる 1886（明治 19）年に学士会院において「心理説の一斑」と題した講演を行い、後にそれを公表している。この講演のタイトルになっている心理（学）を西はどう評価していたのかといえば、実証的な確実性のある域には達していない、というものであった。西は学問が「メタフィジック → インダクティブ → ポジティブという順に進んできて」いると認識していた。心理学も同様であるべきなのである。だが、心理学はそうではなかったという。

> 「従て心理の学も亞歴山　倍因氏など出でて、頗る格物学に准したる方向を取りたり、然れども確実の度は中々及び難くして」（全集 1; p.586）

というのが西の評価であった。そしてその後はヘヴンの説に従って、西は「情」について論を進める（ヘヴンについては後述する）。だがその時、西は妙な言い訳を行う。

> 「然しながら是亦自己心裏の体験に拠るのみにて、学術上の試験を行いたる事に非ず、所謂設想的の論弁なれは、誤謬の有らんは固より測る可からす」

（全集 1; p.587）

　ここで学術上の試験とは、test の訳ではなく、experiment の訳であり、今の訳語で言えば実験である。設想的とは hypothetical の訳である。つまり西は、自分は実験を行っていないので、仮説的な考えにすぎず、誤りがあるかもしれない、と予防線をはっていたのであった。

　心理学は確実の域に達していないというのが最初の評価であり、これは否定的評価である。そしてその上に、自分も実験をやっていないので間違っているかもしれない、という否定的評価が続く。否定的が強すぎるなら、いわば二重の謙遜がこの「心理説の一斑」に現れているとは言えないだろうか。なぜ、西はこのようなことを書かなければならなかったのだろうか？

　なお先の文章中の亞歴山倍因とは、アレキサンダー・ベイン（Bain, A.）である。ベインはスコットランド学派の流れをくむ連合主義を神経機構の知識と結びつけ、1855 年の時点で『感覚と知性』という著書を発行して連合心理学のみならず心理学そのものの発展の基盤を作った人である（Bolles, 1993）。彼はスペンサー＝ベインの法則として知られる行動の法則[*2]を提唱したが、実験的研究は行っておらず、ベインを手本にする限り、西は実験研究にたどりつかない運命にあった。

　本章では、性理（学）や心理（学）という語によって、西周が西洋の学問のどのような部分をどのように受容したのかについて理解していきたい。まず、結論を先取りするようだが、日本心理学史上の西周の位置づけをしておきたい。

表 6-1　西周の心理学史上の位置づけ

西洋の学問の中の「psychology」を学んだ最初の日本人の一人　『心理学』というタイトルの本を日本人として最初に出版した

　表 6-1 を見ると、西こそが日本の心理学の父と呼ばれてもよさそうなものであるが、実際にはそうはなっていない。西は日本の心理学の恩人ではある

が、創始者とはなりえなかったのである。おそらくそうしたことは西自身もわかっていただろう。それが先の「心理説の一斑」における二重の謙遜に結びついたとも考えられる。

以下では、西が紹介しようとした「psychology」というものはどのようなものだったのか、それを西がどのように理解していたのか、一方で、「心理学」という語で何を理解しようとしていたのか、ということを中心に検討してみたい*3。

図 6-1　西周（1829-1897）
（津和野町郷土館所蔵）

2　「psychology」と「心理学」

現在、心理学という語は日常的に使用されている。そしてその心理学はPsychology の訳としてほぼ一対一対応している。たとえば大学受験のテストで「They study psychology」の訳を書けと言われて「psychology」を「心理学」と書かなければ誤答扱いになるだろう。「彼らは性理学を研究している」という回答が正答として扱われることはないだろう。

このように強固な結びつきのある「psychology」と「心理学」であるが、いくつか疑問を立てることができる。まず、「psychology」と「心理学」、それぞれの語を誰がいつ作ったのか、ということである。次に、誰が両者の仲を取り持ち、「psychology」の訳を「心理学」にしたのか、ということである。

まず「psychology」と「心理学」の語源について見てみよう（児玉, 1988; 佐藤, 2002, 本書第1, 2章も参照）。『オックスフォード英語辞典』によれば、"psychology" はラテン語の "psychologia" から派生したものだという。"psychologia" という語が現れ始めたのは15〜16世紀頃だとされる。ブロゼク（Brožek, 1999）は15世紀の人文主義者マルラスの著作の題名である "Psichiologia"（1520年頃）が最も古い用例だとしている。さらに、マルブル

グ大学のゴクレニウスが1590年にその著作の題名として"Psichologia, hoc est de hominis perfectione（サイコロジー、人間の進歩について）"を用いているという報告もある（Lapointe, 1972）。さらに、ゴグレニウスとカスマンが"Psychologica, Sive Animae Humanae Doctrina（人間学的心理学）"を1594年に発刊している。この時期に霊物学（pneumatologia）の一部が3つに分割され、その一つが"psychologia"とされた。ちなみに他の2つは、"theologia naturalis（自然神学）"と"angelographia & daemonologia（天使学及び悪魔学）"であった。その後この語は、デカルト、ロック、スピノザ、ライプニッツといった有力な哲学者たちに用いられた形跡は無かったのだが、18世紀になって能力心理学を唱えたヴォルフ（C. Wolff）によって"Psychologia Empirica（経験心理学）"（1732）と"Psychologia Rationalis（理性心理学）"（1734）が発刊され、学問としてのPsychologiaの内容が明確になってくる。このヴォルフの2つの本の題名からわかるように、心なるものを扱うのには、経験主義と理性主義という2系統がそれぞれの立場からアプローチしていく必要が感じられていたのである。

　心理学という語がどのように成立したのか、ということはあまりわかっていない。手島（1999）は、西の『致知啓蒙』で使用されている二字熟語の検討を行っており、その中で心理について扱っている。誰が最初に「心理」を使い始めたのかは不明であるが、漢籍や仏典に典拠があり、幕末や明治初期になって用いられた語であるとされ、西が最初期の一人である可能性は高い。「心理」という語は後漢書に出てくる語ではあるが[*4]、その後日本で流通したとはいえず、西の造語としてもよいようである。また、「学」をつけた「心理学」という用法は、明治維新後に始まると推定される（手島、2002）。

　心理学という語を西周が造語したのならば、彼が西洋の学問を学ぶ中で「psychology」なるものに出会い、そしてその訳として「心理学」をあてたのだろうか。ところが、そうではない。いくつかの日本の心理学史研究が明らかにしてきたように、西は —— 日本人として初めて —— 若き日のオランダ留学において「psychology」なるものに出会ったということは確実である。だが、彼はその訳を「性理学」としたのである。では、心理学という造語は

何のために作られたのか？

　以下では西が取り組んだ西洋の学問において、「psychology」はどのようなものであり、それを西がどのようなものとして理解しようとしたのか、また、「心理学」という語で理解しようとしたことは何なのか、ということについて見ていきたい。まずは「psychology」と西の関係である。

3　西と「psychology」

3-1　没思古廬爾との出会い

　1862（文久2）年、西は津田真道らと共に江戸幕府によってオランダに派遣された。ライデン大学教授フィセリング（S. Vissering, 1818-1888）に師事して「国家学（Staatswetenschappen）」の基礎として自然法、国際法、国家法、経済学、統計学の「五科」の講義を受けることになった（渡辺, 1985）。当時のオランダ哲学界で勢力があったのは、コントやミルの実証主義の信奉者だったオプゾメールであり、西が持ち帰った哲学書の中ではオプゾメールのものが相当多いという（松野, 1986）。小泉（1989）の詳細な分析が明らかにしているように、西がオランダ留学中に英米哲学に関して何らかの影響を受けたことは疑いえない。なお、西は当初アメリカ留学を望んでいたのだが、折からの南北戦争のあおりを受け変更を余儀なくされたという。このことは、「psychology」理解に限ってだけ述べれば、西を大きく制約することになった。帰国は1867（慶應元）年12月である。

　もとより、西はpsychologyを学ぶために留学したのではない。さまざまな学問を学ぶ中でpsychologyに出会ったのである[*5]。では、どのようにか。

　西が留学中に学んだことの一部は、留学中に書かれたと推定される『茶帳面』から知ることができる。この帳面（ノート）は「ヒロソヒ」に関する講義の聞き書きである可能性が高いとされ（麻生, 1942）、蓮沼（1980）が詳細な論証によって留学中（文久2〜慶應元（1867）年）に書かれたものだと断定

しているものである。

　さて、この『茶帳面』にはPsychologieに関する語（当て字含む）が8回も書かれている。つまり、西は留学中にPsychologieを包含する講義を何回か受けていたと推察されるのである。この帳面（ノート）を参考に、西がどのようなことを学んでいたのかを見るため、理科の構成を取り上げてみたい。

　西は自然現象という外面の世界の出来事を「気」と呼び、人間の内面に関わる意図や意味の世界の理法を「理」と呼んだ。これらを学問として扱うのが気科であり理科である。理科は現在的な意味での理科ではなく、人間の内面の理の追究を目指すものであり、気科は自然現象など外界の出来事を扱うものである（蓮沼, 1980）。西による理科の理解は、『茶帳面』によれば図6-2のようであった。

観察部門	原学	学術相関渉之理を論す	廬義果
	原思	思弁論議之法を論す	没思古廬爾
	原性	心性の理を攻む	古士没廬義爾
	原天	天地之故を観じ、万有之情に通す	
実行部門	行原	脩己之要道を論す	謨羅爾
			役知古
	政原	治人之要を論す	孛理知幾
			曽士乎魯義

図6-2　西による「理科」の構成

　ここで没思古廬爾とは「Psychologie = psychology」だと推定され、西はその内容を「人間精神の学であり人間の認識メカニズムとそれに結びついた人間の実践メカニズムを解明しようとする企て」として理解していた（蓮沼, 1982）。さて、西は没思古廬爾という語で「Psychologie = psychology」を表しており、これはいわゆる音訳である。だが、この図はさまざまな学問について説明しているものであり、没思古廬爾は「原性　心性の理を攻む」に対するものとして置かれている。つまり、音訳はしているが、一方で、原性という訳をあて、その内容を「心性の理を攻む」ものとしているのである。ちなみに図6-2の観察部門を見てみると、すべてが「原」で始まっている。原

思は盧義果であるからおそらくロジック＝論理学であり、原天は古士没盧義爾であるから、おそらくコスモロジー＝天文学、ということである。

いわゆる社会科学を学びに行った西がなぜヒロソヒ（哲学）を学ぶのか、また、その哲学の中になぜ没思古盧爾（心理学）が出てくるのか、今の学問体系に慣れ親しんだ私たちにとっては若干わかりにくい。そこで当時の社会科学と哲学の関係、哲学と心理学の関係について考える必要が出てくる。だが、ここではその前に psychology という語が何に対応していたかについて、その対応が明示されているものについて見ておきたい。

3-2　西における「psychology」の訳語の変遷

留学中に「psychology」という考え方を知った西は、それを原性（性をたずねる）と対応させたものの、音訳（当て字）をしていた。しかし、やがて訳語を試みるようになる。それがどのように変遷したのか、ということについて簡単にまとめてみたのが表6-2（次ページ）である。

この表から明らかなように、原性とされていた「psychology」は百一新論において「性理学」となり、以降安定する。psychology とその訳としての性理学が同時に書かれているのは1875（明治8）年くらいまでであるが、おそらくそれ以降は「psychology」と「性理学」の結びつきが西自身の中で自明化したため、並列的に書く必要がなくなったのだろう。

ただし、参考の欄に示したとおり、1882（明治15）年の「学士匡令氏権利争闘論」や「心理説の一斑」においては、表記に揺れが見られるようでもある。大久保（1966b）は『全集第2巻』の解説において、「psychologisch を性理上と心理上の二種に訳しているのは、使わけ意識というより、この頃は「性理学」の訳語がすたれてきている理由もあらう。」としている。また児玉（1982）によれば、「心理説の一斑」の自筆原稿では、当初そのタイトルは「性理一斑」となっており、それが「心理一斑」と訂正されたのだという。「性理」に関する発表をしようとしていた内容を「心理」に変えることができた、ということは、その内容に重なりがあったか、聞き手の便宜を図った

表6-2 西周の帰国後において psychology という語が何に対応していたか？

元号（西暦）	出典	psychology に対応する語
慶應2〜3（1866〜67）	百一新論	ルビ無しの性理学とピシコロジーとルピの振られた性理学がある（刊行は1873（明治6）年）
明治2（1869）	学原稿本	性原　プシコロジック
明治3（1870）	百学連環	Psychology なる字は、略。故に魂と称する字を性理学と訳するものなり。
明治3〜6（1870〜73）	「Mental Philosophy ノ訳語」	Psychologie　性理学
明治6（1873）	生性発蘊	性理の学は英語「サイコロジ」略、大要相似たるを以て直に性理と訳す
明治6（1873）	五原新範	性理の学　欄外に Psychologie とあり（全集 p353）
明治7（1874）	致知啓蒙	性理の学（Psychology or Mental Philosophy）
明治8（1875）	心理学	サイコロジー訳して性理学
明治10（1877）	学問は淵源を深くするに在るの論	スペンセル氏の性理書（Principle of psychology vol.1 p363）
参考		
明治15（1882）	学士匹令氏権利争闘論	性理と心理が混在？（大久保の解説による）
明治19（1886）	心理説の一斑	タイトルを性理説から変更か？

か、などの理由があったことだろう。

　さて、この表を考察するためには、もう一つ、性理（学）という語が西によって他の語の訳語として用いられていたかどうか、そうであれば何であったのか、ということを検討する必要がある。そしてその例としては、1861（文久元）年に書かれた津田真道稿本『性理論』の跋文（全集1; p.13）、および1862（文久2）年に書かれた「西洋哲学に対する関心を述べた松岡鱗次郎宛の書翰」がある（全集1; p.7）。前者においては、西自身が性理という語を用いたわけではないが、『性理論』は津田真道が西洋哲学の紹介を試みたものであるということは押さえておくべきだろう。また、後者において西は

「西洋之性理之学」や「経済学」が公平正大であることを知って驚いた、と表現している。「西洋之性理之学」も今の語で言うところの哲学に近いものだっただろう[*6]。もしこの時点において西は「philosophy＝性理学」としていたのであれば、その後の「psychology＝性理学」への移行は、西の性理学概念が縮小したことを示していることになるだろう[*7]。

なお、1870（明治3）年の『霊魂一元論』において、「心意の用は是れ性理の学なり」（全集1; p.25）という注目すべき一文が見られることもここで指摘しておきたい[*8]。心意を mind だとすれば、その機能が性理学だということであり、本体としての性や性理学を重視していた西が心の働きへの関心を持っていることがわかるからである。

さて、彼が「psychology」をどのように理解していたのかは、1873（明治6）年頃に執筆していた『生性發蘊（せいせいはつうん）』本文の書き出しからわかる。この書の本文は「性理の学は ……」から始まっており、主題となっているのである。冒頭の注口において西は、

　　性理の学は英語「サイコロジ」仏語「プシコロジー」、共に、ギリシャの「プシケー」魂並びに心の義、「ロジー」論より来る者なり、只これを東州の性理の字に比すれば、彼は専ら霊魂の体を論じ、是は心性の用を論ずるの差あり、然れども大要相似たるを以て直に性理と訳す（全集1; p.30）

としている。西洋は魂で体、東洋は心で用、という西の理解が見て取れるだろう。ここで「体」とは事物の本体のことであり「理」につながり、「用」とは事物の具体的な現れ方であって「気」につながる[*9]。

全体を解説する余裕は無いが、タイトル中の「生性」という語が示すとおり、この書は生理（学）と性理（学）をつなげようという野心的な試みのもとに書かれたものであり、コントの紹介、しかもコント自身の著作ではなくルイスの2冊の書の翻訳・意訳から成っている[*10]。また、この書は未完成稿であり、刊行もされていない。内容としては、ロックに始まる経験論的心理学の系譜がたどられ、ミルやコントにも触れ、ハートレイおよびエラスムス・ダーウィン（進化論のチャールズ・ダーウィンの祖父）を高く評価してい

る。そして、「性理学脳学新説」として最後に紹介されていたのはガルの学説部分であった（全集1; p.110）。西が依拠したルイスはスペンサーとも交友があるコント派の哲学思想家である。ルイスはガルのことを「心的機能（mental function）の問題を形而上学から救い出し生物学にした」と評価していた（Lewes, 1871）。ガルは骨相学の創始者であり、結果として否定されたとはいえ、その生理学志向は大脳生理学発展の礎を築いたと言われる[*11]。だが、心理学史の教えるところによれば、心理学発展の原動力となった生理学的心理学は確かに存在したものの、それはガルとはかけ離れたところにあったのである。ドイツのヴント（W. Wundt, 1832-1920）こそが1873年から翌年にかけて『生理学的心理学綱要』を出版し、生理学的心理学を打ち立て、心理学実験の重要性を提唱、実験心理学に基づく近代心理学を打ち立てたのであった。ちなみにこの年は明治6年にあたり、まさに『生性發蘊』執筆と同じ年だったことには注意を要する。

では、西が性理学で理解しようとしたもの、すなわち「psychology」とはどのようなものだったのか、また、それがどのように変質をとげる最中であったのか、それを以下で検討してみたい。

3-3　西洋学問における「psychology」の位置と地位

今日の心理学は単なる学問の一種類であり、哲学とはおよそ別のものだと考えられている。しかし、西が取り組んだpsychologyはそうではなかった。参考のため、1883（明治16）年に刊行された井上哲次郎による『西洋哲学講義』を見てみると、この時点における心理学への高評価は驚くべきものである。すなわち、総論の第4節（p.6）において、「心理学（サイコロヂー）は哲学に最も親密なる関係を有し、全く相分つべからざるなり、実に心理学は哲学の根基なりと謂ふべし」という破格とも言える評価が与えられていた。他に、心理学を学問の女王とするような評価も当時は存在しており、心理学は哲学の一部門として、あるいはその基礎として、非常に高い評価だったのである[*12]。

第 6 章　西周における「psychology」と「心理学」の間

　ただし、psychology という学問もまた、他の学問と同様に日々変化し続けている。心理学史の文脈から考えた時に重要なのは、現在の psychology は、西が理解しようとしていた psychology から見ると質が変わってしまったということである。西がまさに psychology という語に出会っていた頃、当の psychology には大きな変革が起きていたのである。

　それは一言で言えば、心理学の科学化であった。なぜそのようなことが問題になるのか。それは、哲学者カントが「心理学は科学たりえない」と宣言したことからもわかるように（第 4 章参照）、心について扱う学問が物理学などのような科学になりえるかどうか、ということ自体が学問的関心をひいていたからなのである。実験を行えてかつ成果を数式で表現できる、これが当時考えられた科学の要件であったから、心理学の科学化が可能だと信じる人たちはそれらを目指した。たとえばヘルバルトは、表象がそうした要件に合致すると主張し、表象力学のようなことを目指して数式化を行った（Boudewijnse, Murray, & Bandomir, 1999）。しかしそれは成功しなかった。

　そして、感覚について実験的研究を行い、その定式化を図ったウェーバー、フェヒナーこそが、心理学の科学化の道を実質的に切り開いたのであった。なぜ感覚が心理学の問題になるのだろうか。これもまた、感覚が哲学の重要な問題になっていたからであった。この点について、『哲学・思想翻訳語辞典』（石塚・柴田, 2003）を参考に見ておきたい。それによれば、合理論者デカルトは、感覚を物体と身体の関係を反映させるものだが誤謬の契機であるとし、イギリス経験論のロックによれば感覚と内省が観念の起源であるとされた。カントは感覚を「知覚の質量」とした。知覚から空間・時間を取り去ったものが感覚だとしたのである。立場によって若干見解は異なるが、精神など内界と物質など外界をつなぐいくつかのキー概念のうちの一つが感覚なのであった[*13]。このこと自体は西も認識しており、『百学連環』の中に「性理は五官の感触に依て心に是非善悪等を弁別し・略・ interior 則ち内部へ論じ」「格物（物理学）は五官の感触に依て物と物との係り合を論ず・略・格物は exterior 則ち外部へ論ずるなり」としている。

　ただし、西洋ではこの問題には物理学者や生理学者が関わり、新たな展開

を見せることになる。つまり、感覚の問題にマッハやヘルムホルツなど物理学者も興味を示したし、生理学者たちも感覚の問題に参入して感覚生理学的研究を推し進めたのである。そして、実験的手法によって感覚を扱うということが、ついには心理学の科学化を推進するのである。

3-4　感覚の実験生理学的研究から科学的心理学へ

以下では、簡単に3人の研究者について見てみることで心理学の科学化について見ていく。ウェーバー、フェヒナー、ヴントである。

ウェーバー（E. H. Weber, 1795-1878）はドイツ人で、解剖学・生理学研究の一環として触覚の研究に携わり、『感覚論』という著書がある（1834）。彼は、触空間閾の測定や重量比較における弁別閾の研究を行った。閾とは「しきい」のことであり、簡単に言えば重さや長さなどを少しずつ変えていった時に違いがわかるポイントのことである。彼は重さの弁別の実験（重さの違いの判断）を行い、標準となる重さ刺激とさまざまな比較刺激の重さの違いを判断する際の基準が絶対的なものではなく、相対的なものであることを見いだしていた（高砂, 2003）。

たとえば、第4章でも述べたように、40グラムのオモリが標準刺激の時には比較刺激が41グラムでも重さの違いがわかるけれど、200グラムの時には1グラム増えただけではわからず、205グラムまで重くしないと重さの違いがわからない、ということである。この例では、標準刺激の1/40が、弁別可能な違いであり、ウェーバーは「違いが認識できる最小の単位」を感覚の単位として見いだしたのである。

さらにフェヒナーは、この考えを進歩させ、また、系統的に被験者に対して刺激を提示する方法について工夫を加えることで、さまざまな物理刺激と人間の感覚の間の関数関係を数式に表現するようにした。いわゆるフェヒナーの法則は「感覚の大きさは刺激の大きさの対数に比例する」と表現することができる。なお、彼は1860年に『精神物理学要綱』を発刊した。この年は万延元年にあたり、西周の海外留学前夜のことである。

そしてこうした蓄積の上に立って、ドイツのヴントは実験心理学を打ち立て、ライプツィヒ大学に心理学実験室を設け、また、心理学を学ぶ学生に博士号を取得させるシステムを作り出し、心理学を近代化し、「近代心理学の父」と称されることになったのである*14。心理学史の本をひもとくと、1879 年の心理学実験室の設立こそが心理学の独立の年などと書かれていたりするが、もちろん一つの学問がある年にいきなり成立するわけもなく、これはいわば象徴的な年なのである。また、実際には実験室という建物が新しく建てられたのではなく、それまで使用されていた私的な実験室が、いわば公的に認められた年であるとされている（Bringmann et al, 1980; 高橋, 1999）。

3-5　西が出会った「psychology」、出会わなかった「psychology」

　西が出会った心理学は近代化以前の心理学だった、つまり、ウェーバー、フェヒナー、ヴントに連なる心理学の流れを全く知らなかった、あるいは理解できていなかった、と総括することが可能である。これはありていに言えば、本人にとってたいへん不幸だったと言えるだろう。もちろん、西が心理学として理解したものが全く的はずれで旧式だった、ということは言えない。いわゆる「近代心理学の成立」は明治 12（1879）年だったのだから、やむを得ない面もある。また、西が理解していたコント、ガル、ミル、ベイン、ヘヴンという人たちも、18 世紀以降の心理学の進歩に力を尽くした人々だったことは間違いない。むしろ基盤を作ってきた有為の人物たちである。しかし、カントの言う意味での心理学の科学化には遠いラインだったことを認めないわけにはいかないのである。西が「性理学」で理解しようとした対象は、非常なスピードでその性質を変えている時期だったのである。実験という手段で科学化を図る当時の心理学を称して「新」心理学という言い方さえあった。

　ここまで、西が出会い「性理学」と訳した（当時の）心理学と、その変容について簡単に見てきた。次に、西が「心理（学）」という語で表そうとしたことについて見ていきたい。

4 西と心理、もしくは心理学

4-1 西が心理で理解しようとしたこと

西は心理という語を用いて、西洋の考え方を理解しようとしていた。それはどのようなことだったのだろうか。

まず、留学中に執筆したとされる『開題門』では物理と道理の二分法が見られるものの、後者は「心理」という言葉にはなっていない。

「哲学関係断片」の十三には「物理と心理との別　物理は単一の理　心理は重畳の理」というものがあり（全集1; p.183）、「物理は物と物との理、心理は関係と関係との理」とのメモが残っている。ここでは西の「理」概念が関係をベースにしていることが重要であろう。

1867（慶應3）年に行われた講義『百一新論』に目を転じれば、道理という言葉で表されていた理を二分するために物理と心理という2つの理が用いられていることがわかる[*15]。小泉（1989; p.96）は『開題門』の二分法には日本儒学が土台となっており、『百一新論』にも徂徠学派の影響が強く残っていると評している。西は以下のように言う。

> 道理道理と一様に口では言へど其実は理に二た通りあって、其理が互いに少しも関渉して居ないと云うところを知らねばならぬでござる、今此区別を示す為に其一つを心理と云い、其一つを物理と名くるでござる（全集1; p.277）

> 物理はア・プリオリと云って先天の理とし、心理はア・ポステリオリと云って後天の理なれば、先ず先天の理にて人間と云うものができて、その人間に就て後天の心理が自然に備わる故にこれをネセシティと云って、やむを得ざるに出づるの理と申すのでござる（全集1; p.278）

まず西にとって重要なのは、物理と心理という2つの理が「関渉して居な

い」ということであった。物理は「天然自然の理にて」星の運行から水の滴りまで、草木でも人間でも備わっている自然の理であって、「ア・プリオリ」なものである。一方の心理は「人間上ばかりに行われる理」で、人間にしか「理会」できず「遵奉」することもできないとした。この理も天然に基づくとはいえ、この理と異なることもできるし、拵(こしら)えることさえできるのであるから、「ア・ポステリオリ」なものである。

　また、以下では、物理は犯すことはできないが心理は犯すことができる、物理は恒に一定して無二であるが、心理は一定無二とは行かず、相反して恒に両極あるもの、などの説明が続く。

　このように見てみると、心理はいくぶん可塑的人造的なニュアンスで語られてきたのであるが、その後西は心理について「矢張後天ながらも天」であるので、大賢人が集まって会議しても作り替えることはできないとする。この議論はさらに現今の人間の心理を滅ぼすことができないと続くのだが、その論拠は、

> 人間には同一の性と云うものが備わって居て、是が性に率う之を道と云うと云ってある通りに動かすことが出来ぬでござるが、其同一な処は何処にあるかと言った時には、人の好悪と云う物に就て見ると能く別ることで、此の人の好悪と云うものが千人が千人、万人が万人同じことでござって、之を仕替えることは誰人にも出来ぬことでござる（全集1; p.282）

とのことである。ここでは後天の理としての心理を根本的なものとして根拠づけるものとして「性」がおかれ、また、その根本には好悪の感情というものがおかれているのである。この性は朱子学的な性に極めて近いものであり、また、倫理学説から見た場合には、快楽主義もしくは功利主義的であり、心理学的倫理学説に近いものであることがわかる。

　次に『百学連環』の学問の構造について述べた部分を見てみると、この『百学連環』では学と術についてそれぞれ扱うこと、学を普通と殊別に分けること、殊別学は物理と心理に分けること、が書かれている。総目次では「心理上学 Intellectual science」と表記されている。つまり、Intellectual science たる心理は殊別学の中に位置づくのである。本章はあくまで「心理」に焦点をあてているため、心理上学の内容には踏み込まない。むしろ、その後こうした思考が 1873（明治 6）年の『生性発蘊』注ネ（全集 1; p.45）「英メンタル、又インテレクチュアル、奚に心理と訳す」につながっていくことを見れば十分であろう。物理とは異なる人間の理としての心理（『百一新論』）が、知的な働きとしての心理（『生性発蘊』）へと移っていったことが見て取れる。その途上に『百学連環』が位置するのかもしれない。

そして 1875（明治 8）年『奚般氏著心理学』では心理に「学」をつけた書籍の刊行へといたるのである。なお、この著の和装本のタイトルは『心理学』であったが、本章では便宜上洋装版トビラに記されている『奚般氏著　心理学』を著書名として用いる。

4-2　『奚般氏著心理学』

日本で最初に心理学という名称を冠して発行された本は psychology というタイトルの本を訳したわけではなかった。また、この本は 1875（明治 8）年に和装本で刊行が開始されたものの中絶、その後改めて洋装版として全体が刊行されるにいたっている。この本の訳者は言うまでもなく西周であり、彼はヘヴンの『Mental Philosophy: Including the Intellect, Sensibilities and Will』を翻訳してそのタイトルを「心理学」にしたのである。翻訳凡例において自ら書名について説明している。

> 書名は「メンタル、フィロソフィー、インクリューヂンク、インテレクト、センシビリチース、エンド、イル」と題し知情意三部を包括せる心理哲学という義なり今約して心理学と名く（西, 1875）

「知情意三部を包括」する「心理哲学」の略称が心理学なのであった。では、この本には psychology という語は出てこないのか。出てくるとしたらその訳語は何か？　すでに見てきたように、この時期の西は「psychology」

を「性理学」と訳していた。性理学という語に「サイコロジー」とルビが振られていたのである。

　心理学史にとってはこの訳語の関係が重要だが、一般的には西の思想との関連が重要であろう。大久保（1981）は『西周全集』第4巻解説（p.610）において「この書は西がかなりていねいに読んだもので、後にみづから翻訳もしている」と解説している。また、小泉（1989）によれば、西の発表論文や講演の内容は、このヘヴンの内容と密接に関連しており、むしろ、西の訳業の進展が彼の思考に大きな影響を及ぼしたのではないかとさえ考察している。

　著者のヘヴンはアーマスト大学の知識・道徳学教授であった。他に『Moral Philosophy（道徳哲学）』『History of science and modern philosophy（科学と近代哲学の歴史）』などの著書がある。彼については児玉（1982, 1985）による詳論があるので参照されたい。そもそも19世紀のアメリカではスコットランドの常識学派の哲学が好んで教えられており、その流れで道徳哲学や精神哲学が勃興した。

　さて、ヘヴンのこの著書は実験に基づく研究志向の心理学を目指したものではなく、いわば教養としての知識を伝えるためのものであったと言える。ただし、ヘヴンや同時代のテキストの著者たちは、それ以前の著者とは異なる趣向を持っており、それがアメリカにおける近代心理学導入を容易にしたとされている（Fuchs, 2000）。たとえば、感覚など実験室実験が可能なトピックを扱ったことがそれにあたる。また、ヘヴンの著書は多くの学校で採用されており、カレッジにおいてこの本で学んだ若者が、実際にドイツに留学して実験を中心にした近代心理学を取り入れて帰ってきて心理学を広めたということもあった。このことは、日本においてヘヴンの著書を読んだ若者が近代心理学を取り入れたという事情と重なりを持っている。

5　西にとっての心理学と性理学

　以下では、西が性や心、性理や心理、で何を理解し何を表そうとしていた

のかについて、2つのテクストを検討することで明らかにしてみたい[*16]。

5-1　性と心を解くカギとしての『百一新論』

『百一新論』は、執筆の時期と刊行の時期が異なっているという欠点はあるものの、性理学という語がルビありとルビ無しで用いられており、彼がどのように性理学を捉えているのかを検討するのに適している。また、心や性という語も多用されている。

まず、ルビ有りの部分を先に見ておくと、下巻の最後で、教（宗教の意）において（行門は性理を参考にするが）観門では物理を参考にすべきだとして、造化史の重要性を説いている。その造化史の人獣の部のアントロポロジー（西は人性学と訳しているが今日の訳では人類学）の中に諸学問が羅列されており、その中にピシコロジーとルビの振られた性理学があげられている（全集1巻;p.288）。それに対して性理学にルビの無い部分は、

> 此の善と正との考を性理学に本づいて論ずれば、善は意に本づき、正は智に本づき、意の質は仁なり、智の質は義なりと云うから段々と百種の考えに転変することで（全集1; p.264）

であり、内容からいって、この性理学が朱子学を指していることは明白である。次に、この『百一新論』で心理という語を用いている部分を見てみる。

> 今法は人を治める道具、教は身を治める道具と区別して申せば、一と通り能別ることでござれど何れも心理上の物でござって、人の性に本づき、人の性上から本源を取る者でござれば得ては混じ易い、心得違いの出来易い所がござるが、先ず法の考を名状して申さば、正という字を主とし、教の考えでは善という字を主とするでござる（全集1; p.263）

「心理上の物でござって」は（物理を先天の理とするのに対しての）後天の理という意味である。つまり、この『百一新論』においては、物理との対比における人間の心の理としての心理が扱われており、また、ルビの無い性理

学や性理は朱子学として扱っているのである。

そして最も重要であるのは、そうでありながら、最後の学問名の羅列では性理学にピシコロジーとルビを振っているところである。つまり、彼の中では「psychology」が性理学であることは朱子学的文脈の上で首肯されていることだと想像できるのである。一方、心理に学をつけることはこの時には考えられなかったのであろう。では、心理学という語を彼はいつ創ったのか、ということも含めて『百学連環』を再度検討したい。

5-2　性と心を解くカギとしての『百学連環』

はっきりしていることは、西にとって、性理学と心理学を異なる英語（単語または概念）に対応させていたことである。ここで、西が ──「新しい酒には新しい革袋」のたとえではないが ──、「ヒロソヒ」に希哲学そして哲学という語を与えていったことを思い起こそう。こうした造語による対応もある中で「psychology」は性理学で事足れりとしていたのである。「心理学」という新しい語を「psychology」に対応させることもしなかった。

西にとっての性理学と心理学は何だったのか。心理学史にとって喉にささったトゲのようなこの問題について、若干なりともこの機会に整理してみたい。

西川（1995）は、「『性理学』並びに『心理学』はサイコロジーの同義語、同意語として訳出された」という仮説を提唱している。しかし、自身もその直後で述べているように、西周は、多くの場合一貫して「性理学」を用いていたし、『百学連環』における諸科学の分類体系化においては、「物理上学」と対比して「心理上学」という名称を与えていた。つまり「心理学を、それ自身を含むより広い人間科学という意味で、それを想定していた可能性も残る」（西川, 1995）のである。

筆者としては西川（1995）の最初の仮説は「psychology」と「性理学及び心理学」のいわば一対二の関係では間違っているとは言えないが、そうであっても「性理学と心理学」の関係については同義だと直ちには言えないと考

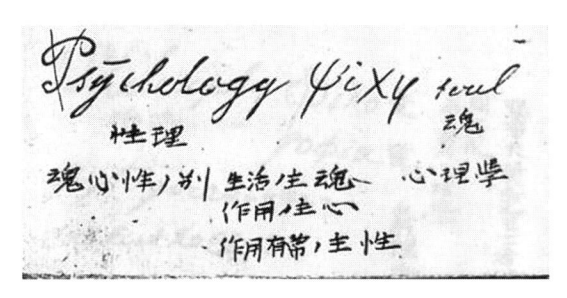

図 6-3 『百学連環』のための自筆メモ書き（国立国会図書館蔵）

えるものである。

　このことを考えるために、ここでは『百学連環』のための自筆メモ書きを検討対象とする。この『百学連環』は 1870（明治 3）年開設の私塾「育英舎」での講義であり、永見裕による講義メモも残されているが、こと「psychology」に関しては重要な部分に相違が見られるため、たいへん扱いにくい素材である。ここではあえて講義の準備のために作られたと思われる自筆メモの方を扱う。

　西が psychology を soul に関する学であると理解していること、psychology を性理、soul を魂と理解していること、についてはこのメモ書きから容易に見て取れる。「魂と心と性の区別」について論じるように理解する（児玉, 1998; 西川, 1995）のが素直であろう。

　魂は生活の主であり、その魂を心と性として理解するなら、心は「作用の主」であり、性は「作用有常の主」であるという。筆者には朱子学における心と性について述べる力量は無いので『朱子学の基本用語 —— 北渓字義訳解』の「心」の項から心と性について比較しながら述べられているところを抜き書きする（陳, 1996; p.74-75）。

　　心はちょうど器物のようなもので、中に蓄えられているのが性である。

　　心には本体があり作用がある。衆理を具えているのが心の本体であり、万事に応じていくのが心の作用である。本体というのはいわゆる性のことであり、心が静かな場合をいうのである。作用というのはいわゆる情のことであ

り、心が動いた場合をいうのである。

　ここで再び図 6-3 のメモを見てみたい。前者は作用であるから「機能・働き」の主として心があるということである。後者「有常」は常に有るということから永久不変をも意味する。であるから「構造」を指していると考えられ、その主として性があるということである。こう考えるなら、心は機能に、性は構造に対応していると捉えようとしていたとすることが可能かもしれない。

　同じく西は「性理は人たる心性の運用を論じ日本西洋の変なし」（全集 4; p.416）としており、個別の性を重んじる徂徠よりは朱子学の考え方に近いといえる。また、psychology は哲学の根本であるという評判を知っていたとすれば、性即理という意味からしても、psychology を性理学と訳すことに躊躇することは無かったのだろう。

　つまり、西は psychology を人間の普遍的な性質・構造的静的な性質を扱い、哲学の根本をなす学問として理解したが故に、性理学の訳語をあて、そしてそれに自ら縛られることになったのである。

　もっとも、この訳語の割り当ては、その当時から西に違和感を生じさせていたと仮説してもよいように思える。まず、性を普遍的なものとして見る見方は徂徠ではなく朱子に由来するとはいえ、この時期の西にとっては、その実現のために朱子学的なリゴリズム的な居敬に戻ることなどできなかっただろうからである。また、性理学で理解していた西洋の「psychology」が感覚や知覚といった常に動きのある働きを扱うということを知り始めたということも、西の心を揺さぶったはずである。

　なお、図 6-3 のメモ書きには明らかに「心理学」の文字が見て取れる。1870（明治 3）年の時点で西が「心理学」という語を書いていたことは記憶されてよいと思う[*17]。もちろん、この語をその後 psychology の訳としては使用しなかった、ということも銘記する必要があるのだが。残念ながらこの言葉がどの単語と対応しているのかはこのメモからだけではわからないし、おそらくこの時点での西は心理学という新造語を書いてはみたものの、それ

に対応する何ものかを psychology には見いだせなかったのではないだろうか。心理はこの時点では他の語と対応づけられていたからである。

　一方で同じ『百学連環』において、西は性理を格物と比較した時には以下のように述べる。ここでは永見の講義録の方がまとまっており、特に自筆メモとの齟齬も無いので『百学連環　第二編　殊別学　第二　物理上学　一　格物学』から引用する。

　　　　心理上と物理上と異なる所は、心理の首とする所は性理にして、物理の首とする所は格物なり。
　　　　心理、物理共に悉く五官の感する所に就て論す。性理は五官の感触に依て心に是非善悪等を弁別し、格物は五官の感触に依て物と物との係り合を論す。故に性理は interior 即ち内部へ論し、格物は exterior 即ち外へ論するなり（全集 4; p.260）。

　これからすると心理と性理の概念的な距離・違いが小さいことが伺える。実際、ここでの「性理」は図 6-3 に見る性理（朱子学的な性理）とは距離のあるものとなっている。

　さて、この『百学連環』が行われている頃はおそらくヘヴンの『Mental Philosophy』に手をつけた頃だと推定され、この時期の西の「psychology」理解が極めて揺らいでいたことが見て取れるのではないだろうか。

　井上（2005）は、西が畏友・津田真道の『性理論』によって徂徠学をも相対化しえたという立場から書かれたものであるが、それに従えば心はその内容というよりは臓物・容器だとされる。西にとっては、道理の二分法から出発し、後天の理として展開した心理であったが、作用や運用という側面から見るうちに、心理を受動的なものとしてのみ見る見方から脱し、心理に対して、能動的あるいは subjective（西は此観と訳していた）すなわち主体的な性格を見て取ったのかもしれない。

6 西と心理学との距離

　西は psychology を性理学で理解し、その故に、西洋哲学における psychology が感覚生理学を介して感覚の実験研究に移り、実験心理学的研究に移っていることを見抜きにくかった。その一方で、アメリカに根を下ろし始めた mental philosophy の智情意説は心の主体性を理解する上で理解しやすかったのだろう。イギリスの経験論・連合主義に発する心理学の流れは、彼にとって実感しやすかったのであろう。

　しかし、彼の「psychology」理解に関しては隔靴搔痒の感がつきまとっていたようである。『生性発蘊』と「心理説の一斑」を比較しつつ検討する。前者は「性理の学は、東洲にても」から始まり、後者は「心理の学は、欧洲にても」から始まっており —— 十数年の時を隔てているとはいえ —— 西が何らかの対応を意識していたことは明らかだと思われる。

6-1　実験（experiment）への遠さ

　1873（明治6）年の『生性発蘊』には「皆生理に本き、実験上より見解を開」いていることを紹介しつつ、自分はそれらの説に基づいていないことをいささか否定的なニュアンスで告白している。そして「実験上より講究せんと思う」としている（全集 1; p.38）。当時の実験は現在では体験の意味であるから、体験に基づくという意味での実証主義の方法論の一部を西は理解していたといえる。

　1886（明治19）年の「心理説の一斑」では「然しながら是亦自己心裏の体験に拠るのみにて、学術上の試験を行いたる事に非ず」となっている。ここでの試験は実験の意味であるから、体験のみに基づいて実験的研究まではいたっていない、と、ここでもまた、いくぶん否定的なニュアンスで告白していることがわかる。

晩年の西は西洋の心理学は実験をしているのだというところまでは理解していたのであろうし、何よりも『生性発蘊』では自身の体験に基づくことで満足しえていたのであるが、この時点では実験が必要だ、という方法論的な進展が見られていることが興味深い。

　なお、さらに興味深いのは、「心理説の一斑」の自筆原稿には当初「性理一斑」となっており、それが「心理一斑」と訂正されていたということである（児玉, 1982）。つまり、西は発表直前まで「性理」に関する発表をしようとしていたのかもしれないのである。もちろんここでの性理は「psychology」の訳としてのものである。だが、西はそれを最終的には心理に変えた。これは西の中での「psychology＝性理学」が崩れ始めていることを示しているのかもしれないし、単純に、性理学として理解していたことは心理学として理解する方がわかりやすい、と思ったからかもしれない[*18]。

6-2　日本における近代心理学の受容と展開

　以上見てきたように、西は psychology という学問について最も初期に理解した人物の一人であり、心理学という語を用いた最も初期の（おそらくは最初の、あるいは、造語した）一人であるといえる。しかし、psychology は西の理解したものではなくなっていたし、その西の理解から抜け落ちた新しい psychology の訳として「心理学」という語は定着した。では、この新しい学問としての心理学の受容と展開を担ったのは誰だったのか、ということについて簡単に見ておきたい。

　学界では、1881（明治14）年くらいから、「psychology」の訳に「心理学」があてられるようになり、それは現在でも使われている。つまり、西の psychology 理解はあまり他者とは共有されなかったといえる。ではなぜそうだったのか、そしてそれにもかかわらず『心理学』およびその訳語が日本国内のみならずやがて中国にまで普及したのか、これらの諸点については今後詳しく考えることにしたい[*19]。

　日本に実験に基づく近代心理学を導入して制度の上で育てていったのは元

良勇次郎である。そしてこの元良は同志社英学校においてヘヴンの著書『Mental Philosophy』を用いた授業が行われていた際にそれを受講したようである（荒川, 2000）。さらに、元良はアメリカに留学し、ジョンズ・ホプキンズ大学においてホールの元で心理学を学んで帰国し、日本に心理学を伝える。彼は実験的研究を自分で行いえた最初の日本人、という意味で、日本最初の心理学者であるといえる。その後の彼の経歴については表6-3及び第7章を参照されたい。

表6-3　元良勇次郎のキャリア

1858（安政 5）年	三田（今の兵庫県）に生まれる
1888（明治21）年	帝国大学（現東京大学）で精神物理学の講師となる。
1890（明治23）年	帝国大学教授に就任。
1893（明治26）年	「心理学・倫理学・論理学」第一講座が設置されその教授となる。
1894（明治27）年	高等師範学校（現筑波大学）で心理学を講じる教授兼任。
1912（明治45）年	現職のまま死去

6-3　補遺　亀井茲常と心理学

なお、西にとって旧藩主にあたる亀井茲監の子息・亀井茲常は東京帝国大学文科大学において心理学専修にすすみ、元良勇次郎の指導を受けた。そして、1909（明治42）年、東京帝大の心理学専修、第5期生として卒業した。その卒業論文「顔面表出運動の進化的研究」は東京大学心理学研究室に現存している。また、亀井茲常は卒業後も心理学との関係を保ち続け、心理学通俗講話会や『心理研究』発刊にあたって財政的その他の支援を行っていた。

7　まとめ

以上、心理学史上のターミノロジー（学術用語の使用法）から西と「psychology」について見てきた。

　日本心理学史の文脈から見た場合、西がなぜドイツで勃興した実験心理学について知り得なかったのか、あるいは知っていたとして、言及しなかったのか、これは大きな謎だといえる。

　その一方で、日本の心理学は大きな恩を西に追っている。一つは現在でも使用されている「心理学」という単語そのものである。彼が造語したのかどうかということは確定できないが、彼が幕末の時代から心理という語を使い続けたことが、今日にこの語が浸透していく大きな力になったことは確実だからである。また、アメリカにおいても近代心理学の受容の苗床を作ったとされるヘヴンの著書を翻訳したことは、日本にも同じ効果をもたらしたといえる。なぜなら、翻訳書としての『奚般氏著心理学』はおそらく師範学校で用いられたことから、多くの影響を日本に与えたからである。そして、本章では踏み込めなかったが、日清戦争後に留学してきた多くの清の留学生たちもこの翻訳書としての『奚般氏著心理学』に接することになり、知識と同じくその用語法も中国へ持ち帰ったと考えられるのである。

　表6-4、5に、西の「性」「心」の理解を筆者なりに仮説的にまとめてみる。

表6-4　西による「性」「心」の理解（概ね時間順）

性・性理・性理学	心・心理・心理学
1　朱子学における性即理の性	1　物理との比較での人間の理
2　西洋哲学の根本としての性理	2　知的な働きとしての心理
3　五官（感覚）の研究としての性理	3　智情意を含む心理哲学

表6-5　西による「性」「心」の理解のまとめ

性・性理・性理学	心・心理・心理学
理性主義的	経験主義的
構造主義的	機能主義的
普遍的	個別的
不変的	可動的

第 6 章　西周における「psychology」と「心理学」の間

　このようにまとめると、性と心の関係は無いようにも見えるが、西はこの2つをつなぐことを構想していた。それは『霊魂一元論』でも見た通りである。

　表6-4のような理解、特に初期の理解を支えたのは、西が幼少期から親しんだ儒教であった。井上（2005）が指摘するように、儒教は「一定の限界はあるものの自由な組み替えを許容する柔軟な思想的枠組み」を持っており、儒教を「取り巻くこの一種の科学的な雰囲気は、略、儒教的教養が西洋思想を受容する基盤として広く機能した」とするなら、心理学はまさにその例であったと言えるだろう。西洋の心理学のような発想は維新前の日本には存在しなかったし[*20]、明治政府もお雇い外国人などによって受容を図ることはなかった。そうした中で心理学が日本に根づいていった理由の一端は明らかに西に負っているといえる。

　なお、五官の研究と心理哲学は西洋においては急速に接近しつつあったのだが、西にはそうした事情がわからなかったようだ。西が「psychology」を性理学と訳しそれに固執したのは、そうした理由もあっただろう。

　しかし、西によって、西洋の「psychology」の紹介と導入を受けた次世代の人々は、その考え方だけでなく、訳語をも自家薬籠のものとし、自由に発想を広げていった。おそらくそうした中で「psychology＝心理学」という組み合わせが生まれ、支持されていったのであろう。

注

*1　本稿は 2003 年 11 月 22 日（土）の西周研究会での発表「西周・Mental Philosophy・心理学」に基づくものである。この時のタイトルでは「Mental Philosophy」を主題化していたが、当時の問題設定は若干的はずれであったと反省をこめて言わざるを得ない。本稿作成にあたっては、先行諸研究（西については大久保利謙、小泉仰、蓮沼啓介の諸氏のもの、心理学史に関しては児玉斉二、西川泰夫、高砂美樹諸氏のもの）から多くの示唆を受けている。なお、西川氏の論文については（西川、2008）も参照されたい。また、井上厚史氏からは本稿執筆中に朱子学・徂徠学などについ

てご教示を得た。あわせて謝意を表したい。
* 2　行動の形成について、快をもたらした自発的行動は再び起こりやすいということである。試行錯誤として考えれば、オペラント条件づけ的な行動主義の先駆となる考え方であり、快苦と行動の関係として考えれば、快楽主義的倫理学説との親和性も高くひいては功利主義ともつながる考え方であろう。また、ここでのスペンサーとは『学問は淵源を深くするに在るの論』に出てくるスペンセル氏のことである。
* 3　先行諸研究が明らかにしてきたように、また、以下でも述べるように、西は「psychology」を訳する上で「心理学」を造語あるいは採用したのではない。したがって、西と「psychology」の関係、西と「心理学」の関係、というのを別個に検討する必要がある。従来の心理学史研究は自身も含めて、こうした割り切りができなかったため、混乱している面があったが、本章では「psychology」と「心理学」を別のものとして扱うことで、新たな蓄積を目指すことにしたい。
* 4　ただし児玉（1988）は、『後漢書・左雄伝』の該当部分は「凡人之心、理不相遠」と四字句のリズムで読むべきもので、「心理」という単語ではないとしている。
* 5　実際に西は psychology ではなく Psychologie に出会ったのだが、本稿では基本的に psychology を用いている。
* 6　ただしこの「西洋哲学に対する関心を述べた松岡鱗次郎宛の書翰」においては性理之学のほかに「ヒロソヒの学」という表現があるため、性理＝哲学ではなかった可能性もある。
* 7　ここで疑問なのは、当初「西洋之」と形容していた性理学がやがてそうした語句無しに単なる性理学として用いられることである。たとえば絵画でもあるいはフェンシングのようなスポーツでもいいのだが、西洋から伝えられたものは、西洋絵画、西洋剣術と呼ぶだろうし、それを単に絵画、剣術とのみ呼ぶことになれば、従来の日本（や東洋）にあった絵画、剣術の価値を限りなく低く見ていることを暗示する。その意味で ── これはあくまでも私見であるが ──、西は「psychology」には高い価値を、従来の性理学には低い価値を与えていたといえるかもしれない。蓮沼（1982）は『茶帳面』の分析を通して西のオランダ留学中における西洋哲学の初期相について検討しているが、留学中の西は西洋の「ヒロソヒ」を東洋の「儒学」との対比で理解しようとしたとしている。そして「儒学は東洋の道徳哲学であるとして「ヒロソヒ」に包摂されて」しまったという（蓮沼, 1982）。

だからといって西は「philosophy」の訳を「儒学」とはしなかったのである。その一方でなぜ西は「psychology」を性理学という名称を当てはめることで満足しえたのだろうか。この点については6節で考えてみる。

*8　このほか『教門論』では、西は主宰と性理の関係について、「性理上の智も亦然ることある者なり、苟も万有の故に通じ心性の微を究」（全集 1, p.502）めるならば、主宰の存在も可能だとしている。万有は natural であり、自然科学的な心性の追究が必要だとされている。

*9　「理」「体」「道」と「気」「用」「器」の対比は『易経』（繋辞伝上）に由来する（松本, 1996）。

*10　大久保（1996a）によれば、具体的には Lewes, G. H. の『A Biographical History of Philosophy』の 1857 年版と『Comte's philosophy of the sciences』1853 年版である。

*11　心理学史上におけるガルの学説の持つ積極的意味づけについては、Robert（1990）の著書が可能になると思われるが、今回は果たせなかった。

*12　井上哲次郎は 1881（明治 14）年発行の『哲学字彙』以来、心理学を psychology の訳にあてているが、ここで問題になっているのは、psychology なるものへの当時の学問界の評価の高さである。

*13　ちなみにこの問題は未だに新しいかたちで受け継がれており、たとえばクオリアのような概念もこうした問題意識の系譜に位置づけることが可能なように思える。

*14　一般に 1879 年を持って近代心理学の独立とするのは、この年からヴントの私的な実験室が大学の教育カリキュラムに供されるようになった年だからである（第2章参照）。いずれにせよ、実験というパラダイムを重視する起点の決め方である。

*15　『百一新論』における人間性論の展開については小泉（1989; p.79）のまとめが参考になる。それによれば心理には「自主自立の権」「所有の権」など権利に関すること、「仁徳、正義、礼」などが含まれており、西が「心理」を人間生活にとって重要な概念として捉えていたことがわかる。

*16　以下の西のテクストの検討にあたっては特に詳しく島根県立大学の井上厚史氏からご教示を受けた。

*17　単語としての「心理学」は開成学校（東京大学の前身）の 1873（明治6）年のカリキュラムに見られる（安倍, 1988）。これと比較した場合でも、西のメモ書きの方が時期的に早い。ただし、本文でも触れたように彼がこの語を公にしたわけではない。

* 18　心理説というタイトルになった結果、ここに書かれていることはそれなりに読みやすいものになった。「心理学を研究するには実験が重要」というのは現在の心理学者にとっても通じる。逆に言えば、これを「性理説」としたのでは今の私たちからは違和感があった。

* 19　これらの点については、2003年11月22日（土）の西周研究会では仮説のかたちで述べたのだが、今回、検証にまでいたらなかったため今後の課題としたい。

注19付記（2011年1月30日）

　西のpsychology理解が共有されなかったのはその理解した時期が、近代心理学成立以前だったことに由来するだろう。その一方、西が行っていた性と心の区別は、多くの学者に共有され、psychologyを「静的な構造＝性」とするのではなく「動的な作用主体＝心」として考える契機を与えたのではないかと思われる。西は自身の学んだpsychologyに「性理学」をあてることで、psychologyが変化した後に「心理学」をあてる土台作りをしたと言える。この意味でも西周は心理学の恩人（本書p.110）なのかもしれない。

* 20　本章で一部論じたように、また第2、4章などでも詳しく論じたように、心理学は哲学と科学の微妙な関係の中に存在し続けさらに、19世紀半ばに「科学化した哲学」として成立したものであり、その両者が維新前の日本には存在しなかったのであるから、心理学も存在しようがなかったのである。

第 7 章
元良勇次郎
―― わが国最初の心理学者

　この章では、日本で最初の心理学者とされる元良勇次郎について、その生涯と業績について取り上げる。

　明治維新後の日本ではさまざまな変革が行われ、西洋からさまざまな制度や知識が導入された。その中に心理学にも関する知識も含まれていた。しかし、学問は単に読んで理解するだけでは成立しない。その学範(ディシプリン)に基づいて新しい研究を行い、新しい知識を生産しなければ、研究の名に値しないのである。その意味で、日本に研究としての心理学を導入した人物こそが元良勇次郎である。

図 7-1　少年時代の元良博士
（故元良博士追悼学術講演会編
『元良博士と現代の心理学』
1913 より）

1　元良の生涯 ―― 出生から米国留学まで

　元良勇次郎は 1858（安政 5）年 12 月 5 日（旧暦同年 11 月 1 日）に生まれた。父は摂州三田藩士で藩校の儒学者であった杉田 泰。元良の姓を名乗るようになったのは結婚後である。明治維新後、15 歳の時宣教師ディヴィスに出会い説教を受け、翌年洗礼を受けた（1874 年）。前半期においてキリスト教の布教は勇次郎少年の重要な活動の一つであった。しかし、人生の後半期はキリスト教と距離をとるようになった。

1875（明治8）年、新島襄が設立した同志社英学校に入学。ヘヴンの著書『Mental Philosophy』を用いた授業（科目名は性理学）があったようであり、また進化論の研究者であるギューリックから講義を受ける機会も持った（表7-1）。なお、ヘヴンの著書『Mental Philosophy』は西周が『奚般氏著心理学』として翻訳出版した本の原著である。

表7-1　同志社英学校時代の勇次郎

同志社設立と同時に入学
「性理学」を学ぶ
ギューリックに進化論を学ぶ
3年半で同志社英学校退学

1879（明治12）年に上京、津田仙が興した学農社で教鞭をとる。その後、耕教学舎の校長兼教師となる。なお、耕教学舎はその後、東京英学校、東京英和学校と名称を変える（最終的に青山学院となる）。

1881（明治14）年の6月には、津田仙の紹介によって元良米と結婚。同時に元良家の養子となり（元良姓となる）、身分も士族から平民に変わった。元良米は後に海老名美屋（弾正の妻）や安井てつ（東京女子大学第二代学長）らと雑誌『新女界』の創刊に携わった。

結婚前後の元良勇次郎は、当時の多くの青年たちと同じく、新しい知識を学んで国の発展のために役立ちたいと思っていた。たとえば、1882（明治15）年4月11日に徳富猪一郎（蘇峰）あてに送った手紙には、哲学に関して考究を重ねた元良が、「欧州の大家」について学びたい気持ちが高まり、同志社の師である新島襄に留学先の斡旋を頼んだことが述べられている。

そして、帰国する宣教師と共に元良は1884（明治17）年にボストン大学留学に向けて出発することになる。

2　米国留学

元良は最初ボストン大学に入学し、哲学を学んでいたが、成果ははかばかしくなかった。そこで、新天地を求めてジョンズ・ホプキンズ大学へと転学を図った。彼がどのようなプロセスで転学をしたのかは、ジョンズ・ホプキ

ンズ大学文書資料館に保管されている同大学入学以前の元良勇次郎関連の資料から推し量ることが可能である（表7-2）。

表7-2　ジョンズ・ホプキンズ大学文書資料館に保管されている同大学入学以前の元良勇次郎関連の資料

手紙
- ① ボストン大学総長ワレンから（宛先不明＊）　1885年6月5日
- ② ホーンベックからジョンズ・ホプキンズ大学総長宛　1885年8月3日
- ③ 元良勇次郎から（宛先不明＊）　1885年8月3日
- ④ 元良勇次郎からジョンズ・ホプキンズ大学ボール氏宛　1885年8月8日
- ⑤ 元良勇次郎からジョンズ・ホプキンズ大学総長ギルマン宛　1885年10月26日
- ⑥ 元良勇次郎からジョンズ・ホプキンズ大学総長ギルマン宛　1885年11月3日

その他
- ⑦ 博士号取得課程入学候補者用の身上書　1885年11月23日

表注＊　ジョンズ・ホプキンズ大学総長ギルマンのボックス中にあったことや内容から見て、同人宛だったと推定される。

　④の手紙において元良は自分の意図が学部生として在籍することにあるのではなく「精神物理学」に関するオリジナルな仕事をすることにあると主張している。元良自身は博士課程に在籍することを必要と感じていたわけではなかったが、結果的に彼は1885（明治18）年秋から博士課程に入学し、アメリカに近代心理学を導入した先駆的人物であるスタンレー・ホール（G. S. Hall）のもとで心理学の研究を行うことになる。

　彼は在学中にホールの指導のもとで、「圧の漸次変化に対する皮膚の感受性（Dermal Sensitiveness to Gradual Pressure Changes）」という論文を執筆した（Hall & Motora, 1887）。この論文はホールが創刊したアメリカで最初の心理学の専門学術雑誌である『アメリカ心理学雑誌』に掲載された。

　最終的に、元良は1888（明治21）年7月14日付で「社会生活の原理としての交換（Exchange: Considered as the Principles of Social Life）」に対する博士号（Ph.D）を取得している。この論文は社会科学的なものである（表7-3）。

表7-3　元良の博士論文の章立て

第1章	因果律と目的性	第9章	風潮と逆流
第2章	人の概念	第10章	組織
第3章	人の概念（続）	第11章	組織（続）
第4章	富の概念	第12章	自然と社会
第5章	社会の概念	第13章	社会学の分野
第6章	交換の条件	第14章	社会学の分野（続）
第7章	交換の実際のプロセス	第15章	社会学の分野（続）
第8章	市場		

　なお、アメリカ留学中は分野を超えて日本人同士で助け合っていたということである。元良の友人としては、太田稲造（後に新渡戸）、佐藤昌介、長瀬鳳輔がいた。

　ジョンズ・ホプキンズ大学から博士号（Ph.D.）を授与された元良は、1888（明治21）年7月に帰国する。29歳となっていた。

図7-2　留学中の4人の写真（左から新渡戸・元良・長瀬・佐藤）（故元良博士追悼学術講演会編『元良博士と現代の心理学』1913より）

3　帰国後の元良勇次郎と心理学者としての活躍

　元良は帰国2ヶ月目の1888（明治21）年9月には、帝国大学（現在の東京大学）にて精神物理学担当の講師を嘱託された。授業内容は大学に報告した「申報」として残されている。大瀬甚太郎の回顧によれば、大瀬本人に加え、大西　祝、谷本　富、渡辺菫之介、の計4人が出席していた。

　1889（明治22）年4月から『哲学会雑誌』において「精神物理学」の連載を開始した。特に興味深いのは、第7回目の「注意」についてである。注意にリズムがあるということについて元良は「独逸心理学者の実験と我帝国大学精神物理学試験所に於てなしたる成績」をあわせて考えたいとしている。つまり、自ら実験的な研究を日本で行っているのである。自身で新しい研究を行えるというのが学者の意義の一つであるから、元良はその資格を満たしていることがわかる。第7回が収録された『哲学会雑誌』37号は1890（明治23）年3月発行であるから、元良が講師の身分である時に、大学内のどこかに実験できる場所を確保して、そこを「精神物理学試験所」と呼んでいたことになる。

　1890（明治23）年10月、元良は帝国大学教授に就任した。当時も今も東大の教員はその卒業生から選ばれることが多い。卒業生ではない元良が教授に就任したのは当時としても珍しいことであった。さらに1893（明治26）年からは講座制の導入とともに心理学・倫理学・論理学第一講座の担当になった。ここに日本の心理学界は一つの転機を迎えた。研究ノウハウを持った教

表7-4　帰国直後の元良が担った心理学の制度化

1888（明治21）年	帝国大学（現東京大学）で精神物理学の講師となる。
1890（明治23）年	帝国大学教授に就任。
1893（明治26）年	「心理学・倫理学・論理学」第一講座が設置されその教授となる。
1894（明治27）年	高等師範学校（現筑波大学）で心理学を講じる教授兼任となる。

授が責任を持って授業を担当することになり、専門的な心理学の学習・研究が国内でも可能になったことが内外に明示されたのである。

なお、1890（明治23）年に、元良は『心理学』という本を出版している。この書は（翻訳書ではない）日本人によるオリジナルな心理学の体系書として最初のものである。

1891（明治24）年8月24日　勅令第13号学位令により文学博士の学位を受けた。

また、1894（明治27）年からは高等師範学校（現筑波大学）で心理学を講じる教授も兼任する。教育心理学の教授としても活躍したのである。

元良の研究活動は広範囲に及ぶため、ここでは苧阪（1998）の整理をもとにして、元良の研究を概観しておこう。

表7-5　元良の実験心理学的研究（苧阪, 1998を一部改変）

時期	内容
1886頃	睡眠脳波の実験
1887	圧の漸次変化に対する皮膚の感受性の実験
1888	注意の実験（鉄製屏風型機械による）
1889頃	リズムの実験
1890頃	音点知覚の実験
1891	人工月の錯視実験
1892	精神病者の反応時間
1895	横読み縦読みの利害の実験
1896	白内障者の視覚に関する実験
1903	神経伝達の実験
1904	片仮名・平仮名の読み書きの難易の実験
1907	児童の注意力とその訓練についての実験

元良は実験心理学を中心に、教育心理学の領域にも広い興味を持っていたことがわかる。障害心理学や精神医学に関する実験も行っていた。

変わったところでは、色覚研究に用いるための適切な国産色紙が無かったため、1895（明治28）年頃に中島泰蔵と協力して色紙を開発した。この色紙

は好評を博し全国で使用されたという。

4 独立の心理学実験室と大学の専修制度

元良は心理学の学範(ディシプリン)成立にも努力を傾けていた。特に長い間の念願であった実験室の開設を1903（明治36）年に成し遂げた（新築ではなく移築）。

図7-3　1903（明治36）年に開設された精神物理学実験室

さて元良は日露戦争のさなか、1904（明治37）年9月に欧米に出かけ、博士号取得時の恩師であるホール（この当時はクラーク大学長）をはじめ多くの心理学者と親交を結び（表7-6次ページ参照）、さらに政府代表として第5回国際心理学会への出席を果たしている。

ローマの第5回国際心理学会では「東洋哲学の中の自我の観念」という講演を行った（Motora, 1905）。

なお、元良は帰国後（日露戦争終了後）の1906（明治39）年1月15日発行の『日本之小学教師』に「文明の要素」を掲載している。書き出しは「自分は日露戦争中、其の多くの時間を外国で費やしましたが、常に其の勝敗の原因及此後の覚悟等について注意はしていました」ということであった。日本

表7-6 元良が出会った世界の心理学者（元良, 1905を参考に作成）

経路　横浜からアメリカ経由でヨーロッパへ

＊**アメリカ**（1ヶ月余滞在）ジェームス、ミュンスターバーグ、ホール、ボルドウィン、ラッドに会う
　　コーネル大学　　　　　ティチナー　実験心理学の設備については最も完全
　　イェール大学　　　　　ジャッド
　　コロンビア大学　　　　キャテル「サイコメトリー」精神測定の研究をしている
＊**イギリス**
　　ケンブリッジ大学　　　ワード　リバース
　　オックスフォード大学　マクデューガル　サリーには病気で会えず
＊**ドイツ**（6ヶ月余滞在）
　　ベルリン大学　　　　　スツムプフ
　　ライプツィヒ大学　　　ヴント　講義に出た　ヘリン（生理学者）
　　ミュンヘン大学　　　　クレペリン（精神病学）の実験室
　　　　　　　　　　　　　リップスには会わず。いない模様
　　ゲッチンゲン大学　　　ミュラー（医学士長井が留学中）
　　　　　　　　　　　　　フェルウォルン（生理学者）のセミナーに出る
　　維那（エナ）　　　　　ヨードル　エックスナ（医学士石原が留学中）
　　　　　　　　　　　　　マッハ　ぜひ会いたいと思い家をたずねた
＊**羅馬**（ローマ）の第5回国際心理学会
　　　　　　　　　　　　　大会長ゼルジー　ロンブローソ　文部大臣デアンギー
　　　　　　　　　　　　　ピールラネー（仏）
　　　　　　　　　　　　　第一流と思われる先生方は至って少なく、わずかにリップス教授のみ

が日露戦争に敗れる可能性もあったわけで、その場合の身の持ち方などについて考えることも多かっただろうと推察される。このようなギリギリの覚悟をしていたことがあったからか、結果的に勝利を得たとは言っても、安心するようなことは戒められ、文学、体格、富力をつける必要がある、ということを主張している。

　元良が外遊中の1905（明治38）年には心理学専修が誕生し、学生が心理学を専修した（専攻した）というアイデンティティを持てるような制度が発足するにいたる。そこでも中心となって教えていたのは元良であった。多くの学生の卒業論文を「心理学専修」として認定するのだから、学生たちのプライドはいやが上にも心理学に向いていく。

1909（明治42）年、心理学通俗講話会が設立された。この会の目的は規定によれば「心理学上の事実、及（ママ）各種の現象に対する心理学的観察を、通俗なる講話に依って一般人士に伝え、以て心理学に対する興味と知識とを普及する」ということであった。この会を発案して実行したのは東京帝大で心理学を修めた大槻快尊、倉橋惣三、菅原教造、上野陽一であり、初期の心理学専修卒業生であった。こうした活動は、日本初の準学術誌である『心理研究』の発行（1912年）へとつながっていく。

さて、元良の授業は他専攻の学生たちにも人気があり、「派違いの医科や法科や理科の学生や印度や露西亜の留学生などまでが教室へ押し掛けて行って最後まで聴くことになっている。こんなことは実に大学の奇跡と謂って宜い」というような状況（角帽子, 1913）であったという。実際、医科大学の森田正馬（まさたけ）や暉峻（てるおか）義等などが元良の講義に出席して少なくない影響を受けたようである。

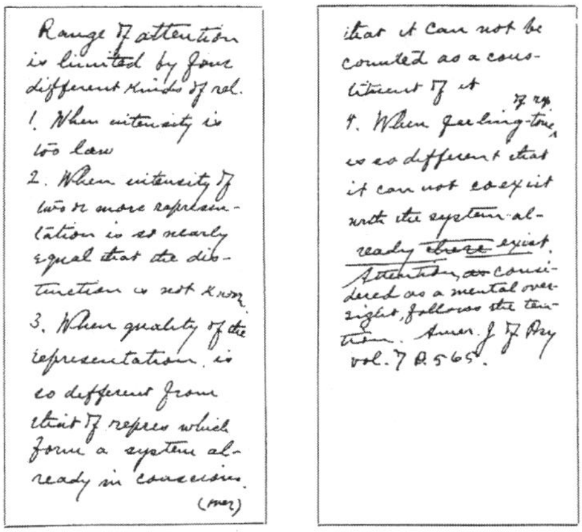
Range of attention
is limited by four
different kinds of rel.
1. When intensity is
too low
2. When intensity of
two or more represen-
tation is so nearly
equal that the dis-
tinction is not known
3. When quality of the
representation is
so different from
that of repres which
form a system al-
ready in conscious.
(over)

that it can not be
counted as a cons-
tituent of it
4. When feeling-tone of rep.
is so different that
it can not coexist
with the system al-
ready ~~there~~ exist.
Attention, as consi-
dered as a mental over-
sight, follows the ten-
tion. Amer. J. of Psy
vol. 7 p. 565.

図7-4　元良の講義カード（故元良博士追悼学術講演会編『元良博士と現代の心理学』1913より）

講義の内容は毎年少しずつ変容していたようである。たとえば1908（明治41）年度の講義は下記のような章立てで行われていた。

表7-7　1908（明治41）年度の元良の講義　（藤本が筆記したノートから＝筆者蔵）

緒論	心理学の特性 or 心理学と他の科学	第10章	人と外界との関係
第1章	心理現象とは何ぞや	第11章	感情総論
第2章	注意	第12章	表出運動
第3章	意識経験及抽象作用	第13章	運動性
第4章	神経及び筋肉	第14章	心理学説変遷
第5章	感覚及び感覚機関	第15章	科学としての心理学
第6章	表象	第16章	心理学の基礎的概念に就いて
第7章	人格論	第17章	心的発達に就いて
第8章	外界と云う観念に就いて	第18章	結論
第9章	言語と思意		

5　参禅体験と晩年の元良勇次郎

　前節で取り上げたのは、実験をベースとした西洋の近代心理学の日本への移植に関する元良の活動であった。時間は前後するが、ここでは東洋思想との関わりを述べておきたい。

　元良は1894（明治27）年12月23日から30日まで、鎌倉にある臨済宗の寺、円覚寺帰源院にて参禅した。なお、同じ日に文豪で知られる夏目漱石も参禅を開始している。もともとキリスト教に親しんでいた元良がなぜ禅に興味を持ったのか、その成果は得られたのか、ということは不明確な点も多いが、参禅から十年以上後に元良は自らの参禅を振り返っている。それによるとまず、動機は「心理学の研究」のためであり、「本来の禅と符合するか否かは知らないが、精神修養上あるいは心理研究の上」で利益があったとしている（元良、1906）。前述した第5回国際心理学会での「東洋哲学の中の自我の観念」（Motora, 1905）という講演はこの時の参禅の影響があっただろうし、晩年の学説にも影響したようである。

　晩年の元良は、心元説を唱えた。また、心的メカニズムの説明はある種の

フィードバックシステムを想定していたようである。その説の当否はともかくとして、佐藤（2002）によれば、元良の心理学説は、フェヒナーの精神物理学、オストワルドのエネルギー一元論、ヴントの実験心理学、ジェームズのプラグマティズムなどの影響を広く受けていると考えられる。また、心理学方法論については、実験だけではなくホールの影響を受けて調査法や観察法などにも通じていた。

　日本の心理学はその初期において、元良という良き人物を得たと総括できるだろう。

6　まとめ —— 元良の人柄

　『心理研究』が発刊された年（1912年）に元良は病によって死去するが、その入院中は弟子たちが病院で順に看護するという光景が見られ、『心理学概論』もまた弟子たちによって整理されて遺著として発行された（元良, 1915）。

　元良は1911（明治44）年10月頃から腰痛を感じ始め、1912（明治45）年3月にカリエスと診断される。その年5月と9月に手術を行うものの病状は好転せず、11月には丹毒症を発症。入院時には弟子たちが代わる代わる病院に見舞いに立ち寄り、あたかもその年7月の明治天皇崩御の際を思わせるようだったという。

　家族や弟子たちの看護もむなしく、1912（大正元）年12月13日に元良勇次郎は死去した。16日に本郷春木町中央会堂で葬儀が執り行われた。

　最後に、ちょっと変わった視点から元良という人物について評論してみたい。

　図7-5は晩年の元良の写真である。これを見て何か気づくだろうか。普通の写真である。また、元良勇次郎という名前を見てどう思うだろうか。勇次郎という名前が若干古い感じもするが、俳優、故石原裕次郎の名前も「ゆうじろう」であることを考えれば、それほど変わった名前ではない。ところが、

図7-5　晩年の元良勇次郎
（故元良博士追悼学術講演会編『元良博士と現代の心理学』1913より）

写真や名前が今から見て「普通」だということが、当時の元良が「普通ではなかった」ことの証なのである。当時の東大の教員は多くが雅号を持っていた。夏目漱石の本名は金之助である。漱石というのは雅号である。また、帝国大学の教員に限らず国家の官僚や社会的地位の高い人の多くはヒゲをはやしていたことが知られている。これもまた夏目漱石を思い出してもらえば、ヒゲ面だったと思い起こすだろう。

名前も生まれた時のまま、ヒゲをはやして偉ぶったりしない、そういうことを元良勇次郎の名前や写真から読み取ることができる。そして、それは元良の死後に刊行された『元良博士と現代の心理学』で披露されている元良への追憶談によってもまた読み取ることができるものである。

第8章
日本の近代心理学成立期における境界画定作業
── 排除される知としての妖怪・透視・念写

1 境界画定作業からみる日本の心理学

　学問はその明確な境界が事前に定まっているようなものではない。その内容は常に変化し続ける。これは心理学だけに限ったことではないし、科学、のような広い意味を示す言葉も同様である。「これが科学だ！」というような強い何かが存在しているのではなく、研究者たちがさまざまな形であるべき科学の研究を行い、それが結果として境界として見えてくるのである。ここで境界画定作業という言葉を使ったのは、そもそも学範(ディシプリン)の範囲などは自然に決まるものではない、ということも意味している。学問の範囲は「確定」されているものではなく「画定」するものなのである（藤垣, 2003 参照）。ある学問の範囲は何らかのかたちで合意形成されていくし、時々刻々と変化していくものなのである。つまり、ある研究者による研究が認められていくか否か、ということを、他の研究者たちが何らかのかたちで決定することによって学問の範囲がその時々でおぼろげに定まっているのである。
　このような境界画定は心理学という学範にもあてはまる。日本の心理学史上に例をとるなら、井上円了の仕事が心理学には組み込まれなかったことによって、また、福来友吉の主張が（結果的に）否定されたことによって、学範領域の範囲が（緩やかなかたちではあれ）合意されるにいたり、その後の研究のあり方に多少なりとも影響を与えたと考えられる。
　心理学はいわゆる輸入学問であり、明治維新後のさまざまな変革と前後して輸入されて定着していった。しかし、学問の成長も ── 人の成長と同じで

——単純な一本道なのではない。本章では、心理学の周辺にあったもので心理学に収まりきらなかったもの、あるいは心理学のテーマとして取り上げられたにもかかわらず最終的に除外されるにいたったもの、に焦点をあてて、そこから日本の心理学のあり方を理解してみたい。本章で取り上げるのは井上円了、福来友吉の2名であり、その扱ったテーマは妖怪、透視と念写、である。

このタイトルだけ見ると、いかにも「際物＝キワモノ」の感を免れないし——際(きわ)であったから外に排除されたのだが——、これらの先達は各自なりの論理を磨いた上で、こうした対象の研究に取り組んでいたのであった。彼らの努力にもかかわらず、こうした研究テーマは心理学のテーマとしては排除されてしまったが、そうしたプロセスの結果として今日の心理学が存在することを忘れてはならない。もし、彼らの試みが成功し、学界に認められるものであったなら、こうしたテーマは今日も学問的領域として存在していたはずなのである。

学問の範囲は悠久不変なものではありえず、時代とともに変わっていくものである。それをふまえた上で、2人のチャレンジ精神とその発露、顛末を見ていきたい。

そして最後に研究評価の問題についても考えてみたい。

2　井上円了とその学説

2-1　井上の人生

井上円了は、1858（安政5）年に新潟県越路町の慈光寺に生まれた。10歳の時に明治維新（1868年）となり、その後、創立間もない東京大学に入学した。東大在学中の1884（明治17）年には西(にしあまね)周らの協力を得て、学術的交流の場である哲学会を組織し、さらに『哲学雑誌会』を刊行し、学界の発展にも大いなる貢献を行った。1885（明治18）年には『哲学新論』を刊行し、卒

業後の1887（明治20）年に哲学館（東洋大学の前身）を設立し、その運営にあたった。哲学館では当時から通信教育に力を入れるなど、先駆的な試みをしていた。

また、井上は考える人としての「哲人」を養成する道場として哲学堂公園を作った。広場の正面には四聖堂があり、東洋哲学の孔子・釈迦、西洋哲学のソクラテスとカントが祀られている。この4人を世界的な哲人として尊敬していたことがわかる。

つまり、彼は大学在学時から「哲学」に魅せられ、その普及に力を入れていたことがわかる。すでに述べてきたように、哲学会、哲学新論、哲学館、哲学堂公園、など哲学のオンパレードである。なお、1896（明治29）年に博士論文を提出しているが、その題名は『仏教哲学系統論』であった。

表8-1　略年表：井上の人生

1858（安政5）年	新潟県に生まれる
1881（明治14）年	東京大学文科大学哲学科に入学
1885（明治18）年	東京大学文科大学哲学科を卒業
1887（明治20）年	哲学館（東洋大学の前身）を設立
1916（大正8）年	大連にて講演中倒れ、逝去

2-2　妖怪学の心理学的意義

井上は、幼いころから妖怪（と言われているもの）に興味を持ち、それを学術的に明らかにしようと、東京大学在学中から妖怪研究を始めた。井上のこうした研究は世間にも知られるところとなり、井上は「妖怪博士」「お化け博士」と呼ばれ人気を博したという。ただし、彼の狙いは仏教の再生と日本の近代化にあった。西洋の合理主義によって仏教を再生するために、仏教から妖怪や迷信を取り除く必要があると考えていたのである（溝口, 1997）。妖怪の本質を解明し迷信をなくすことを自分の使命と考えていた（恩田, 1989）。

井上は妖怪と呼ばれている現象を多く集めてそれらを分析し、偽怪、誤怪、

仮怪、真怪に分類した。

偽怪とは人が意図的に作ったもののことを指す。つまりある種のトリックであり手品である。手品師がタネをあかさない手品などが典型的なものである。誤怪とは何かを見間違えた結果として妖怪とされたものである。「幽霊の正体みたり枯れすすき」のような状態である。仮怪とは自然現象で起こる不思議なこと、蜃気楼や不知火などである。また、月食のような現象もそのメカニズムがわからない場合には大いに恐れられたであろう。そしてこうした説明によって説明できない妖怪こそが、真怪であるとされた。つまり、井上は妖怪という雑多なカテゴリーに可能な限り合理的な説明を与え、不要な恐怖心などをなくそうとしたのである。

2-3　井上円了の心理学

井上には『心理摘要』『通信教授　心理学』などの学術的な著作があり、また、彼の『心理療法』は心理療法という名の初めての本であるとされる。ここにおいて心理療法は、身体療法と対置されるものであり、「心によって病気を治す」というような広い考え方であった。しかし、この考えは、森田正馬に影響を与え、その「森田療法」の成立にも大きな影響を与えたと言われているのである。その一方で『記憶術講義』『失念術講義』のような一般の関心をひくようなタイトルの著作を出しているところが、井上円了の魅力でもあるだろう。

表8-2　井上円了の心理学関連著作（恩田, 1986）

出版年	タイトル
明治19年	『心理学：通信教授』
明治20年	『心理摘要』
明治27年	『記憶術講義』
明治28年	『失念術講義』
明治31年	『仏教心理学講義』（哲学館仏教専修科講義録）
明治37年	『心理療法』

井上は直接的な意味で心理学を研究したというわけではない。1887（明治20）年に哲学館（東洋大学の前身）を設立するとその館主として活躍した。つまり、哲学という知的体系を用いて、人々が学習することを強く望んでいたのである。特に通信教授（通信教育）に力を入れていたことは特筆に値する。現在のように交通が便利でなかった明治時代において、人々の向学心に応える有効な方法だったからであろう。

　井上本人も心理学の研究を主体的にする志向は持っていなかったし、心理学の側も井上の主張を学範に組み込むことはなかった。

3　福来友吉とその学説

3-1　福来の人生

　福来友吉は1869（明治2）年、高山市に生まれた。1899（明治32）年に東京帝国大学哲学科を卒業後（当時は心理学専攻などは無かった）、同大学院で引き続き変態心理学、特に催眠心理学の研究を行った。ウィリアム・ジェー

表8-3　略年表：福来の人生

1869（明治 2）年	岐阜県に生まれる
1899（明治32）年	東京帝国大学卒業（哲学科）
1906（明治39）年	東京帝大より文学博士の称号をうく（催眠術の心理学的研究）
1908（明治41）年	東京帝大助教授に就任
1913（大正 2）年	『透視と念写』出版　東京帝大休職（2年後に退職）
1919（大正 8）年	高野山宝城院において修行
1921（大正10）年	大阪宣真女学校長
1926（大正15）年	高野山大学教授（～1940）
1928（昭和 3）年	ロンドン・国際心霊学大会に出席、念写研究を発表
1945（昭和20）年	仙台市に移住
1952（昭和27）年	逝去

ムズの著作を翻案・紹介もしていた。プラグマティズムの代表的な提唱者として有名なジェームズは、『心理学原理』や『教師のための心理学』などを出版するなど、ホールと共にアメリカの心理学の初期に活躍した人物である。

次に、福来の活動をいくつかの時期に分けてみておきたい。

表 8-4　福来友吉の活動

プロローグ		催眠心理学の時代（心理学の中の催眠）
第1期	1910（明治43）年	透視・念写発見（理系研究者も含んだ学術的検討期）
第2期	1913（大正2）年	『透視と念写』出版（学問の自由と福来の身分問題）
第3期	1916（大正5）年	念写再燃（新しい能力者の発見とそれに対する学術的批判期）
エピローグ		学界との遊離期（心霊、スピリチュアリズムへの移行）

福来の指導をしていたのは日本で最初の心理学者・元良勇次郎である。すでに本書第7章でも取り上げてきたように、元良は日本における心理学の学範成立に努力していた。1901（明治34）年2月以来、心理学に関心を持つ人々と、月1回のペースで研究会を開いていた。この研究会に弟子である福来も出席していたので、最初の年の発表題目を見てみたい（表8-5）。日本の心理学における最初の研究会の内容である。

表 8-5　心理学会第1年目の発表題目（1901（明治34）年）

回数	月	演題	講演者
1	2	自我の内容	岸本能武太
2	3	感情の融和	速水　滉
3	4	精神活動の顕在的部分と潜在的部分	福来友吉
4	5	科学的心理学に関する意見	元良勇次郎
5	6	機能心理学	田中喜一
6	10	欲望の目的と衝突	福来友吉
7	11	重量の比較に於ける反動時間の研究	中島泰蔵
8	12	詩の形式及び要素	畔柳郁太郎

3-2　福来と催眠研究

　福来は1906（明治39）年には「催眠術の心理学的研究」によって東京帝大より文学博士の称号を受け、2年後には東京帝大助教授に就任した。つまり彼は研究者として順風満帆な生活をしていたのであった。その背景には催眠術ブームと呼ばれるような状況があった。

　催眠術やその前身にあたるメスメリズムについては、外山正一が1879（明治12）年に行った東京大学の「心理学」関連講義においても触れられているなど、学問的関心は低くなかった。

　その後、民間では催眠術への関心は高まることはあっても、低くなることはなかった。1902（明治35）年に山口三之助によって「帝國催眠學會」が設立されたり、翌年には竹内楠三著の『学理応用催眠術自在』『実用催眠学』『心理作用読心術自在』などが大いにもてはやされたのである。

　しかし、行き過ぎや問題も見られたため、取り締まりの必要も指摘されるようになってきた。福来が1904（明治37）年に相次いで『警察協会雑誌』に「催眠術の原理と其の実験」「催眠術の取締法に就いて」という論文を発表したのはそうした背景があった。そして、福来が東京帝大助教授に就任した1908（明治41）年には、「警察犯処罰令」によって催眠術を法的に罰することが可能になった。警察犯処罰令によれば、「濫に催眠術を施したる者」は「30日以下の拘留または20円以下の科料」を科されることになったのである。そして、福来は社会問題化した催眠術を取り締まる側の国家の一員として、仕事をしていたのである。

　なお、1909（明治42）年に森鴎外が『魔睡』という小説を発表している。これは、医師が診察した女性に対して「催眠術」をかけて婦女暴行にいたることを描写したものであり、当時の状況について知るよい手がかりである。催眠術は魔睡と呼ばれていたのである。

　さて、福来が東京帝大助教授に就任した時、日本の心理学関連の大学教員は3人だけであった。そのうちの一人が今でいう臨床心理学者だったのだか

ら、重視された分野だったといえるだろう。

表8-6　1910（明治43）年の心理学界

東京帝大教授	＝	元良勇次郎（心理学）
京都帝大教授	＝	松本亦太郎（心理学）
東京帝大助教授	＝	福来友吉（臨床心理学）

福来博士　　　　　元良博士　　　　　松本博士

図8-1　心理学研究会顧問としての元良、松本、福来（心理學研究會編輯『心理研究』集1巻自第1號至第6號より）

しかし、その1910（明治43）年に、福来は「透視」という現象を「発見」してしまい、そこから彼の研究及び人生は大きな波にもまれることになる。

3-3　透視という現象の「発見」

福来は『哲学雑誌』その他において、透視を行った婦人・御船千鶴子のことを報告している。この報告に学界のみならず世間は騒然となった。時あたかも、レントゲンによるX線の発見によって、人体内の可視化が始まった時期であった。人間にもそうした能力があるかもしれない、ということを含意する福来の学説は、興味本位のものも含めて大いなる関心を呼び起こした。

第8章　日本の近代心理学成立期における境界画定作業

表 8-7　千鶴子の透視実験（1910年）の立会人として参加した学者たち

福来友吉	今村新吉（京都帝大医科大学）
丘浅次郎（生物学）	田中館愛橘（物理学）
呉秀三（精神医学）	大沢謙二（生理学）
片山国嘉（法医学）	入沢達吉（内科学）
三宅秀（医学）	後藤牧太（物理学）＊
山川健次郎（物理学）	元良勇次郎（心理学）＊
井上哲次郎（哲学）	姉崎正治（宗教学）＊

図 8-2　透視をする御船千鶴子

＊印は2回の実験のうち1回のみ出席

　もっとも、学界は福来の主張に同意しなかった。まず、透視という現象自体の存在を疑った。何らかのトリックによるものだとしたのである。
　かくして公開実験が行われた（1910年）。そして、多くの人が見ている前では、透視は成功したとは言えなかったのである。福来以外の学者たちはこうした実験結果から、透視や念写に懐疑的になっていった。

3-4　念写という現象の「発見」

　福来のもとにはもう一人、長尾郁子という婦人が透視能力を持つとして現れた。千鶴子の実験が曖昧に終わり、疑問視も出てきた中のことである。
　さて、透視実験は追試をする中である提案がなされていた。中身が見えるものを透視するとするならば事前に見るなどのトリックが可能であるとして、見えないものを透視すべきだという意見が出たのである。その結果、写真乾板の透視が提案された。乾板とはフィルムのことであり、当時の最新技術であった。何かを写した乾板を透視して、それが何を写しているのかが見えるなら、事前のトリックは無いと考えられる。おそらく、そのような関心から、長尾郁子の実験は、乾板の透視実験として行われた。
　すると、今度は乾板が感光していた。乾板はフィルムであるから、現像前に光があたると感光する。したがって誰かが事前に乾板を見ようとしたなら

159

ば、必然的に光があたってしまう。そのように考えることもできる。しかし、福来はそのように考えなかった。透視しようとするエネルギーが直接乾板に働きかけ、乾板を感光させたと考えたのである。

　個人が透視しようとする精神的エネルギーが、物体である乾板を感光させる。そうだとしたら大発見である。福来はそのように考え、精神と物体との相互作用についての新しい学説を樹立した。それが透視と念写の学説的意味である。後年、彼は以下のように定義づけている。

> 　念写とは、観念が写真乾板の上に働き、そこに自己に相当する写真像を現出させることである。即ち写真乾板上における観念の自己実現である。(福来, 1917, p.173)

　福来の主張に対してはまたしても賛否両論がおき、長尾郁子を対象にした実験が山川健次郎を中心とする物理学関係者によって行われた。山川はこの頃、東京帝大総長を終えて九州帝大総長就任直前であった。この実験では何者かが実験用乾板を抜き取る(あるいは入れていなかった)という不手際が起きたのだが(1911年)、この実験に同席した藤教篤らが『千里眼実験録』を発行すると(藤・藤原, 1911)、物理学はもちろん、心理学を含む学界のおおかたは否定説に傾いた。

　もっとも、学界の多くが否定に傾いても、福来本人は自説を曲げなかった。福来の恩師である元良は、こうした状況下において、福来に対して学説を唱えることを自重させていたため、福来は表面的にはおとなしかった。しかし、元良が1912(明治45)年に東京帝大教授在任中に病死したことを受けて、福来は『透視と念写』に出版にふみきる(鈴木, 1997)。この出版が物議をかもし、結果的に東京帝大助教授を休職(2年後に退職)という事態となった。このことは、学問の自由と研究者の身分という点からすると大きな問題であるが、当時はそうした切り口からの異論は無かったようである。

3-5　福来友吉が目指したものと残せなかったこと

　東京帝大退職後も福来は自説を曲げなかった。仏教的な修行を行い、高野山大学教授という職も得る（1926）など、ますます自説を発展させようとしていた。1917（大正6）年には自ら代表作と任じる「観念は生物也」を発表した（福来, 1917）。観念とは idea の訳である。人間の観念はそれ自体が生命を持つ生物なのである、という考えこそ、福来が主張したいことであった。それは、好意的に捉えれば、心身二元論を超えようとする画期的試みといえる。だが、公平に捉えれば、それは学界・世間に受け入れられたとは言えなかった。

　戦争のさなか、福来は婦人の実家である仙台に身をよせ、1952（昭和27）年に逝去した。土井晩翠など福来を慕う人々が集まり研究会を行うなど、彼の晩年は穏やかなものであった。

　なお、福来の学説は当時においても、そして今でも、承認されているとは言えないことには注意を要する。すでに見てきたように、透視実験、念写実験自体が、確かなものとして見られていなかったのである。実証されていない事象に基づく理論を受け入れないという意味では、科学の学範に沿った判断である。

4　まとめと研究評価の問題

　この章では2人の研究者の活動を見てきた。最初に取り上げた井上円了は、取り扱った現象こそ心理学に近く、その説明にも心理学的観点を取り入れていたが、彼自身が心理学的研究、特に実験研究をしていないという意味で、心理学者ではない。これはもちろん自身も認めていたことである。井上は哲学を愛し、哲学者たらんとしていた。

　一方、福来は心理学の訓練を受け、心理学を担当する大学教員になったと

いう意味で正統的心理学者であった。その研究方法も実験を取り入れるなど心理学の学範に準拠していた。しかし、彼の研究は同時代の他の研究者に受け入れられなかった。研究内容の妥当性を判断するのは本人ではなく、学界なのだ、ということがわかる。また、彼が東京帝大を辞職したことは、東京帝大のみならず日本の心理学において、臨床領域が停滞したことと無関係ではない。表8-8に、2人の志向性の違いをまとめておいた。

　学問の境界画定作業、という観点から大事なのは、こうした作業が時々刻々と行われていたこと、そして現在も同じように行われていると想像できることである。学問の範囲は、固定的なものとして捉えてはいけないのである。

表8-8　2人の研究者の心理学への関わり方の違い

	出身学範	対象	方法	志向	心理学者からの承認
井上	哲学	心理学的	非心理学的	哲学	そもそも不要
福来	心理学	心理学的	心理学的	心理学	必要しかし否定された

　学説が受け入れられないのは、何も福来に限ったことではない。むしろ、多くの学者の多くの学説は顧みられることさえない。こうした観点から考えれば、多くの人の関心を呼び、追試がなされた学説は、むしろ科学としては幸せだったとさえ言えるのである。

　何が正しいかどうかは、その時ではわからない。天動説・地動説の争いを見ても、天動説が完全に正しいとされた時期もあったし、その逆の時期もある、ということである。他者の批判に開かれていて間違いに気づくことは重要であり、福来の学説自体にはそうした柔軟さがあったはずである。ただし、福来は自身が誤っていると全く認めなかった。そして、福来は学問とは違う方法も含めて自説を育てていこうとして、東京帝大を退いた後も活動していたのである。

　ただ、本来なら福来はその地位(ポジション)において、臨床心理学を展開する役割を期待されていたのである。しかし、その役割を果たすことはできなかった。

第8章 日本の近代心理学成立期における境界画定作業

　歴史に「もし」は禁物だが、催眠心理学に興味を持った福来友吉にも催眠の研究から透視・念写という道に進まずに、(欧米においてそうであったように)催眠から精神療法という道があったはずである。実際、福来はさまざまな機会に精神療法についても言及していたのであるが、それについて深めたり学生を育てたりすることはせずに、自らが「発見」したとする念写を研究テーマに選んでしまい、それが否定されても固執してしまったのである。

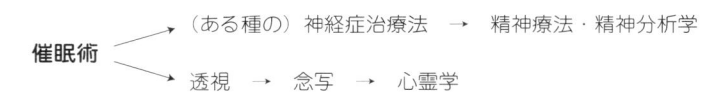

　　　　　　　　　　→ (ある種の) 神経症治療法　→　精神療法・精神分析学
　　催眠術
　　　　　　　　　　→ 透視　→　念写　→　心霊学

図 8-3　催眠術を起点とした学問の流れの違い（下段が福来の場合）

　福来の学説が否定され福来が心理学から去ったことは、単に学説の否定にとどまらず、心理学という学範に期待されていた社会的役割も消えたことを意味する。初期における偶発的な出来事が、日本の臨床心理学の発展の芽を摘み、それが今日の資格問題の混乱にいたる大きな要因となった、という仮説を最後に付記しておく。

　　注
　　　本書の元となった原稿では、古川竹二とその研究についても考察していたが、本書収録にあたっては割愛した。

第 IV 部

心理学史する、ということ

第9章　ヒストリオグラフィと資料保存の重要性
第10章　心理学史を書き換える

第9章
ヒストリオグラフィと資料保存の重要性

1 ヒストリオグラフィの枠組み

　心理学史の研究法、執筆法にはどのようなものがあるのだろうか。心理学史も研究分野の一つなのだから、この心理学史という学問営為についても、その方法や意義について知る必要がある。学問史の方法のことを歴史叙述法（histriography; ヒストリオグラフィ）という。本章では、まず、ウッドワード（Woodward, 1980）およびそれを参考にした高砂（2003）に従って、いくつかの枠組みを提示してみたい。

　多くの学問と同様、歴史学にも方法論があり、科学史にも方法論があるが、心理学史に方法論という観点が取り入れられたのは、それほど遠い昔のことではなかった。心理学という学問を歴史として捉えること自体が新しいのであるからそれは当然であるが、ボーリングの有名な『実験心理学史』の改訂版（第2版）において、ヒストリオグラフィへの萌芽が見られる。初版出版は1929年、改訂版出版は1950年である。

　ボーリングは改訂版の序文で「歴史は改訂できるだろうか」という問いを立て、それに対して「できる」と自ら答えている（Boring, 1950）。複数の歴史が存在しうると認識するということは、方法や視点の違いが歴史にとって重要だということを意味するのであり、ここに学問史の方法論こそが歴史記述の原動力だという意味で、ヒストリオグラフィの萌芽が見られるといってもよいだろう。またボーリングは「時代精神や偉人たちが科学の進展を決定する上で果たした役割について述べたかった」とも述べており、有名な偉人

が個人的努力だけで学問を作るという、いわゆる偉人史観から脱しつつある彼の姿を見ることができる。では、ヒストリオグラフィについて見ていこう。

表9-1　心理学史の方法論（ヒストリオグラフィ）
（Woodward, 1980 ; 高砂, 2003）

「現在主義」（presentism）	対	「歴史主義」（historicism）
「内部主義」（internalism）	対	「外部主義」（externalism）

　これらはいずれも歴史を語る上での対立軸である。
　現在主義とは現在の状態を理想状態と見なしてそこから過去のあり方を見ていく見方であり、現在にいたる栄光の道を記述するというスタイルになる。それに対して歴史主義というのは現在からの視点をできるだけ排除し、歴史的事項が生起しているその当時の視点から歴史を記述していこうとするものである。
　内部主義とは、学範（ディシプリン）の内部のみの展開を記述する方法で、学説史のようなかたちをとる。ある学問の発展を有力な人物や有力な学説の展開によって理解していく。その一方、外部主義とは学問をそれが置かれた社会や時代との関係から読み解いていこうとするものである。
　かつての心理学史は現在主義的で内部主義的であった。今の状態が最も進化しており、それを何人かの有力な研究者が作り上げてきた、というような記述になりがちであった。偉人主義的でもあったのである。だが、心理学史に方法論への関心が芽生えると、その方法は歴史主義で外部主義的なものに移り変わってきている。これに関して、科学史には「巨人の肩の上（on the giant shoulder）」という言い方があるので紹介しておきたい。これは万有引力の法則や微積分の開発で知られるニュートンが、自身の偉業について「もし私が人より遠くを見ているとしたら、巨人の肩の上に乗っているからだ」と述べたことに由来する。これはニュートンの謙遜でもあるが、彼ほどの人物でもそれまでの知的蓄積無しには何をもなしえない、つまり、一人の天才だけでは学問は進歩しない、ということを意味していると取ることも可能なのである。

2 歴史研究の資料

2-1 資料の性質

次に、学問史は何に基づいて研究すべきなのか、ということを見ていこう。歴史は事実に基づいて研究すべきである。歴史資料の捏造などとんでもないことだ、というのは誰でも首肯することであろう。

では、歴史資料はすべて同じ性質かというとそうではない。

表 9-2 歴史研究の素材（高砂, 2003 を参考にした）

一次資料 （primary sources）	直接的に人や出来事・研究に関わる資料 本人の手紙や日記、原稿、本人に関する公文書など 論文や実験装置
二次資料 （secondary sources）	人や出来事・研究に関して伝聞・推定も含めて間接的に表現されたもの 伝記および自伝 書評や総説論文

表 9-2 にあるように、資料は大きく一次資料と二次資料に分かれる。一次資料とは検討する現象そのもの、直接的な資料のことである。公刊された論文のように入手しやすいものもあれば、その論文を書いている時のメモ書きや日記など入手しにくいものもある。一方、そうした論文への評判（書評や評論）などは二次資料となる。自伝や伝記も何らかの取捨選択があったという意味で二次資料となる。

科学史や学問史は歴史学の影響下にあるから、資料を重視しがちである。しかし、歴史学の中でも社会史のように、資料が残されていない事柄への興味も大きくなってきた。文字記録ということを考えれば、政治や制度に関することの記録が多いに決まっており、庶民の生活などはいつの時代でも忘れ去られていってしまう。そうしたこともあって、現在では聞き書きやオーラ

ルヒストリーというかたちで、まず記録を残すことを行い、その上で歴史研究を行うという手法も開発されてきている。オーラルヒストリーなどは心理学におけるナラティヴ研究などとの関係も近い。

2-2　資料のありか

ではどのようにすれば歴史資料と出会えるのか。アーカイブ（資料館）があれば、関係する記録を簡便に利用することができる。特に心理学史に関するアーカイブがあれば、心理学史に関する歴史資料を利用するのが便利である。現在、世界にはいくつかの心理学史アーカイブがある（表9-3）。

表9-3　心理学史アーカイブ

アメリカ	オハイオ州・アクロン（Akron）大学
ドイツ	パッサウ（Passau）大学
オランダ	フローニンゲン（Groningen）大学
イギリス	イギリス心理学会の心理学史センター

このうち、最も歴史が古いのがアクロン大学のアーカイブである。ポップルストーン夫妻によって世界に先駆けて1965年に開設されたこのアーカイブは、初期のころには維持・拡大のための苦労があったようであるが、その存在が知れ渡った現在では心理学者本人や遺族からの寄付が絶えず寄せられるようになり、整理や公開のための労力や財政の確保にうれしい悲鳴をあげるようになってきている。ポップルストーン教授が引退した後は2代目のベーカー教授がディレクターに就任し、ウェブサイト公開なども精力的に展開されるようになってきた。このアーカイブに保存されている歴史資料については、ポップルストーンとマクファーソン（Popplestone & McPherson, 1999/2001）によってその一端を知ることができる。

また、こうしたアーカイブのほか、アメリカの国立公文書館などにも心理学関連の歴史資料が眠っている。また、イギリスのフロイト博物館など個人に焦点をあてたものもある。

最近ではウェブサイト上にも歴史資料が蓄えられていることも多い。たとえばヨーク大学「心理学史上の古典（Classics in the History of Psychology）」というサイトでは、過去の重要論文を電子ファイルで読むことができる。

表9-4　心理学資料の関連ウェブサイトのアドレス（2005.03.31. 現在）
（サイトアドレスは変更されることがある。変更先がわからない場合は、検索エンジンなどで探してみることをお勧めする）

海外関係

The Archives of the History of American Psychology　（アクロン大学心理学史資料館）
http://www3.uakron.edu/ahap/

Museum of the Institute for the History of Psychology（パッサウ大学心理学史資料館）
http://www.ric.edu/dcousins/europsych/passau.htm

Today in the History of Psychology　（心理学史上の今日は何の日？）
http://www.cwu.edu/~warren/today.html

Classics in the History of Psychology（ヨーク大学：心理学史の古典）
http://psychclassics.yorku.ca/

History of Psychology Resource Guide（セントルイス大学：心理学史のリソースガイド）
http://pages.slu.edu/faculty/josephme/resguides/psyhist.html

Portal to Psychology Resources on the Internet（ロードアイランドカレッジ：心理学のリソースガイド＝心理学史ではない）：
http://www.ric.edu/psychology/psr.htm

日本関係

京都大学文学部心理学古典機器博物館
http://face.psy.bun.kyoto-u.ac.jp/museum/

『心理学史・心理学論』目次
http://www.psy.ritsumei.ac.jp/~satot/PP/gakuron.html

心理学史関連ウェブサイト（立命館大学サトウタツヤによる）
http://www.psy.ritsumei.ac.jp/~satot/link/linkpage/histWEB.html

日本には残念ながら心理学史アーカイブが無く、その設立は大きな課題であるが（西川, 1997）、国立公文書館や外交史資料館などに関係する歴史資料

がある場合もある。また、明治期の著作については国立国会図書館の近代デジタルライブラリーによって、コピーなどとることなく、そのまま読むことが可能である。

　なお、表9-4（前ページ）に、心理学資料のウェブサイトのアドレスをまとめた。

　歴史資料を手に入れ、ヒストリオグラフィを学んでも、それでも陥りやすい罠のようなものがある。そこでそうした陥りやすい罠を、暗黙の史観という観点からいくつか提示しておく。

2-3　敏感になるべき暗黙の史観

　心理学史に限らず、歴史を書く時に陥りやすい代表的な罠に、偉人史観、進歩史観、年表史観がある。

　偉人史観に陥りがちなのは、たとえば、自分の先生やその先生たちについて歴史を書くような場合である。ある人が自分の先生について書いたものは、その先生なる人の歴史としてではなく、弟子にあたる著者の歴史的回顧として評価することが必要となる。自伝についても自らの歴史的回顧である点で同様であり、先に自伝は一次資料ではなく二次資料だとしたのはそういう制約があるからなのである。

　進歩史観は、過去は現在よりも劣っており、現在が一番進んだ時代だ、ということを暗黙に仮定して、一番良い時代である現在にいたる歴史を書こうとするものである。自らを勝利者側において過去を振り返ることになるので、上で述べた偉人史観になりがちである。

　年表史観、という考え方は出来事の起きた年月日を金科玉条のように重視する立場といえる。事実は大事であり、事実が起きた時間も大切である。しかし、そうして紡いだ歴史をすべて時間の一次元に並べて満足するわけにはいかない。時間を軸にしつつも、出来事と出来事のつながりを考えていくことこそが重要で、出来事の起きた年号のみを覚えるようなことは論外である。

　これらの史観の影響から完全に自由になることは難しいが、現在もまた時

間の流れの一部であり、過去と未来をつなぐものだと考えて、柔軟な歴史叙述をすることが望まれる。

3　資料方法論からみた心理学史の一事例

　ある主題について調べたい時にどうするか。そうした問題について、科学史的な方法論が書いてあるテキストは少ないのが現状である。そこで、筆者が「インヴィジブル・カレッジ; invisible college」で教わった方法を披瀝してみたい。ここで「インヴィジブル・カレッジ」とは科学史、科学社会学の用語である。研究者は、所属している機関のみで教育や訓練を受けるのではなく、何らかのパーソナルなネットワークの中で学び、研究者としての力量をつけていく。その非明示的なサークルを「インヴィジブル・カレッジ＝見えないカレッジ」と呼ぶのである（所属している機関＝「見えるカレッジ」ということになる）。

　以下では話の都合上、筆者がこれまで特に重点をおいて調べてきた人物＝元良勇次郎について調べた時のことを振り返りつつ解説を行う。元良については第7章でも扱っているように、日本で最初の職業的心理学者であり、実験心理学を日本に導入しただけでなく、発達や障害児教育の分野にも力を入れた人物である。だが筆者は、決して彼の研究を偉人史的に行ったのではない。日本心理学の先駆けとしての元良の活動を詳細に見ることで、社会と心理学という学問の関係を見ることが可能だと考えたのである。以下では、入手が容易である二次資料の探し方から見ていく。

3-1　二次資料の探し方

　二次資料はすなわち、その人物について書かれている文献のことであるから、それを探して読む。それによってその人物の概略を知ることができるし、関連する文献や、その本人の書いた文献（一次資料）を知ることも可能であ

る。日本の心理学に関する分野においては、『日本の教育心理学』（山下，1982）『通史　日本の心理学』（佐藤・溝口，1997）、『日本心理学史の研究』（心理科学研究会，1998）、『実験心理学の誕生と展開』（苧阪，2000）、『日本における心理学の受容と展開』（佐藤，2002）、『日本心理学者事典』（大泉，2003）などが有用である。世界の心理学史に関しては、表 9-5 に掲げる参考文献を参照してほしい。関連分野として哲学や教育の分野の人物事典も参考になる。

表 9-5　世界心理学史を知るための参考文献

Boakes, R. 1984 *From Darwin to behaviourism: Psychology and the minds of animals.* Cambridge University Press.（宇津木保・宇津木成介訳　1990『動物心理学史：ダーウィンから行動主義まで』誠信書房．）

Ellenberger, H. F. 1970 *The Discovery of the Unconscious: The history and evolution of dynamic psychiatry.* Basic Books.（木村敏・中井久夫訳　1980『無意識の発見：力動精神医学発達史』弘文堂．）

Thomae, H. 1977 *Psychologie in der Modernen Gessellschaft.* Hoffmann und Campe Verlag.（石田幸平訳　1980『心理学と社会　その歴史と現代の課題』新曜社．）

Popplestone, J. A. & McPherson, M. W. 1999 *An Illustrated History of American Psychology*（2nd ed.）. University of Akron Press.（大山正監訳　2001『写真で読むアメリカ心理学のあゆみ』新曜社．）

Reed, E. S. 1997 *From Soul to Mind: The emergence of psychology, from Erasmus Darwin to William James.* Yale University Press.（村田純一他訳　2000『魂から心へ：心理学の誕生』青土社．）

高橋澪子　1999『心の科学史：西洋心理学の源流と実験心理学の誕生』東北大学出版会．

なお、研究書を探すには電子検索が便利である。精神分析学の創始者、フロイトのような有名人であればその名前を主題にして著書がいくらでも出ているので、題名検索をすればよいが、日本の心理学者を主題にした本などは皆無に等しい。そこで、検索は題名だけではなく、目次レベルでも行ってみる必要がある。東京大学の「ブックコンテンツ・データベース」は、東大で所蔵する本の「目次情報」などを検索ができるデータベースであり、これを用いると思いもかけない発見が起きる。参考までに「元良勇次郎」で行った

検索結果（04/11/12最終確認）を示すと、表9-6となった。順位の横は適合度である。私自身、元良勇次郎が民法典（旧民法）施行にまつわる争いに意見を述べていたことがわかった時には感激したし、これらの情報を活用して書いた拙著が2位にランクインしていることに喜びを感じてもいる。ちなみに「フロイト」で行うと478件であった。

表9-6 東京大学の「ブックコンテンツ・データベース」を用いた「元良勇次郎」での検索（04/11/12最終確認）

順位	適合度	件名
1	99	佐原六郎『社会学と社会心理学』東京、慶応通信.1987.
2	97	佐藤達哉『日本における心理学の受容と展開』京都、北大路書房.2002.
3	80	手塚豊『明治民法史の研究』東京、慶応通信.1991.
4	77	舩山信一『日本の観念論者』東京、こぶし書房.1998.
5	57	苧阪直行『実験心理学の誕生と展開：実験機器と史料からたどる日本心理学史』京都、京都大学学術出版会.2000.

また、記念出版を探すことも有効である。還暦や定年退官時の記念出版や死亡時の記事や追悼号、あるいは追悼出版が行われている場合がある。著者名で図書検索するのではなく、本の題名に本人の名前を入れることで調べることができる。ただし、1913年、元良勇次郎の死後に発行された『元良博士と現代の心理学』のように、元良勇次郎という名前ではなく、元良博士、元良教授のような名称になっていることもあるから注意が必要である。このことは、次に述べる本人の書いた論文・著作を探す時にもあてはまることである。

心理学史に関する専門学術雑誌として『心理学史・心理学論』があるので、それを検討することも必要となる。その創刊号には高砂美樹「1945年までに海外の専門誌に掲載された日本人心理学者の論文」が掲載されており、ここから自分の関心ある人について調べることも可能である。最近では『心理学評論』にも歴史関連の論文が掲載されることがある。関連領域として教育史や科学史の雑誌を見ておく必要もある。ちなみに、心理学の場合は、科学

史学会の雑誌『科学史研究』にはあまり論文は無く、教育史に関する学会誌や紀要論文の方がヒットする確率は高い。海外の雑誌には『History of Psychology』などがある。また、心理学に関する学会や大学の記念誌も参照する必要がある。日本心理学会は『日本心理学会五十年史』『日本心理学会75年史』を出している。広島大学教育学部『心理学教室五十年史』や同志社大学心理学研究室による『同志社大学心理学研究室六十年史』、大阪教育大学心理学教室による『心理学教室四十年史』などがある。

3-2　一次資料を探す

学者の研究をするにあたって公刊物は最も重要な一次資料であるから、それを収集する。上記二次資料を読む中でわかるものもあるだろうから、それをまず収集する。さらに、現在では国会図書館の電子図書館を始めとして、多くの文献を大量に検索することが可能であるから、まずそれを試みる。特に明治期の著作であれば、実際に読むことが可能である。また、自分の所属している図書館やWeb-catでの検索を行うこともできる。

個別の論文については、現時点では網羅的に調べる方法は無い。筆者が行ってきたのは、まず目次集復刻版の索引を調べるという方法である。教育ジャーナリズム史研究会編『教育関係雑誌目次集成』（日本図書センター）、『東京大学法学部附属明治新聞雑誌文庫所蔵雑誌目次総覧』（大空社）、『明治・大正・昭和前期　雑誌記事索引集成』（皓星社）がある。これらはいずれも大部なものであるが、索引が充実しているので調べる人物が決まっている時には使いやすい。また、『明治・大正・昭和前期　雑誌記事索引集成』は、出版社が提供している索引サイトがある。

学術領域の個別雑誌の復刻版にも解説や索引がついているので、それも参考になる。心理学に関する領域であれば、中村古峡主宰の『変態心理』、富士川游主宰の『人性』（1905-1918）の復刻版がある。また、日本で最初の心理学関連の準学術誌である『心理研究』[*1]も復刻されているが、これには目次や索引は無い。『文献選集教育と保護の心理学』も便利である。関連領域

では、『復刻幼児の教育』にも心理学者が執筆している場合がある。

さらに、当時の新聞記事や総合雑誌の記事を探すのも面白い。主要な新聞の過去の新聞は2010年においては検索可能になっている。雑誌として総合雑誌『太陽』『東洋学芸雑誌』がCD-ROM化されている。

3-3 推論による探索

　ここまでに述べたような検索はある意味で機械的であり、目こぼしが少ないと考えられるが、こうした検索だけに頼るのではなく、推論して探すことも重要である。元良の場合、青山学院の前身の学校で教師をしていたことがある。あるいは正則中学校でも教師をしていた。そうしたところの紀要類を探すのである。すると論文が掲載されていないとしても、何か関連する情報が得られる場合がある。関連する情報を求めるという点では、元良の友人たちの手紙などを探したこともあった。元良は若き日の徳富蘇峰と友人であったので、徳富蘇峰記念館で資料を探したところ、2人の間に交わされた書簡が残っていた。また、間接的になるが、たとえば一緒に留学していた仲間などの手紙に元良の消息が出てくる場合もあった。

　元良以外について調べた時の推論が当たった例を紹介したい。(1) 元良の弟子で初代日本心理学会長になった松本亦太郎の若かりしころの写真を探す時に、彼が京都市芸術専門学校の校長だったことを思い起こし、現在の京都市立芸術大学の記念誌を探してみた。すると、案の定というべきか、歴代校長の写真が掲げられており、そこに松本亦太郎の顔写真もあったのである。(2) 血液型気質相関説を唱えた古川竹二の論文を探している時に、ふと思いついて、彼の恩師である吉田熊次の記念論文集を探してみた。すると他の多くの弟子とともに、古川も論文を寄稿していたのである。

　これらの推論は、実ははずれることの方が多い。しかし、当たった時の快感は言いようもなく、資料探しにのめりこんでいくことになる。

3-4　電子検索か目視検索か

　これだけ電子検索が容易になってきている中で、それが良くないとは言いにくい。しかし、落とし穴のようなものはある。たとえば、誤字表記や関連する表記である。たとえば、元良勇次郎について調べる際、原資料が「元長」勇次郎のように誤字表記だったりすると検索することは不可能である。また、勇次郎の「次」は「二」と表現されることもある。この2つの漢字は交換可能だったようなのである。また、女性の名前では末尾の「子」という字が着脱自在であったようでもある。「梅」を「梅子」というように表すのは普通のことだったようだ。さらに、元良であれば、元良博士、元良教授、など名字＋職名のような検索も必要となる。人によってはペンネームを持っていたり雅号を持っていたりするから、そうした情報もチェックしておく必要がある。Freud という人物の読みもドイツ語的なフロイトのほか、英語的にフロイドという表記も多いし、初期の紹介文献ではフリューイドと書かれていたものもある（同様に、Binet はビネのほか、ビンネットと表記されていたことがある）。こうした知識を蓄えておくことで、他の人とは異なる資料を入手できるかもしれない。

　電子検索はキーワードを正確に反映するものであるから、逆に言えば限定性も高い。その功罪を補うために、検索で見つけた資料の周辺を探索する、ということを勧めたい。たとえば、本であれば、見つけた本を自分で図書館まで取りに行き、書棚の周辺の本を見てみる、ということである（辻本, 2004）。論文であれば、自分でコピーをとり、必要な資料の周辺に目配りする、ということである。最近は本の取り寄せや論文コピーを他者が代行してくれることも多いが、それだけに頼ることはせず、面倒でも自分でやることによって思いもかけない情報を得られることもある。

3-5　アーカイブの活用

　著作や論文に現れにくい行動の裏づけには、アーカイブの活用が望まれる。
　国立公文書館、外務省外交史料館に所蔵されている公文書も有用である。前者では名前による検索ができる。後者の場合には見当をつけて資料を見ていくしかないが、資料の大まかな内容についてはカタログ化されている。また、両館とも、アジア歴史資料センターに資料提供を行っており、こちらに含まれていれば画像情報を見ることが可能である。元良に関していえば、1904年～1905年にかけて行った海外出張について様々な公文書を探しだし、明治期の帝国大学教授の政府との関係を裏づけることができた。
　大学のアーカイブの活用も重要だろう。日本では東京大学大学史史料室である。アーカイブは海外の方が充実しており、アメリカ・オハイオ州のアクロン大学・心理学史資料館が最も有名である。カード検索ができるので、日本人名で検索することもできる。ただしあまりヒットしない。アメリカでは各大学にそれぞれ独自のアーカイブがあり、関連する史資料を保存していることが多い。ジョンズ・ホプキンス大学やクラーク大学にもアーカイブがあり、留学した心理学者などについての資料を入手できるかもしれない。ドイツにはパッサウ大学の心理学史資料館がある（表9-3参照）。
　資料の検索は、必ず周辺的情報も含むようにしたい。また、「無かった」ことについても記録をとっておくように心がけたい。ジョンズ・ホプキンズ大学に留学していた元良がどのような授業をとっていたのか、ということについて調べる時に、心理学専攻の授業だけを見ていたのではダメなのである。あらゆる領域における資料を見た上で、この科目はとって「いない」ということを明示できる必要がある。実際、明治期の大学のカリキュラムは今日のように細分化されていないので、心理学だけで単位をそろえることは難しかった。元良の例でいえば、数学や経済学なども履修していたのである。

3-6 ネットサーフィン

もう少しおおざっぱな方法として、インターネットの検索をかけてしまうという方法もある。マイナーな事項であれ、ロボット型検索エンジンである「google」「yahoo」などで調べると、意外なところでヒットしたりする。マニアはどこにでもいるものである。専門論文については最近（2004年現在）試験運用が始まった「google scholar」も便利である。

海外の心理学史サイトは、一次資料を多く抱えているものも多い。ヨーク大学の「心理学史の古典（Classics in the History of Psychology）」サイトでは、網羅的ではないが、多くの論文をそのまま掲載しており、検索も可能になっている。

4 おわりに

木を見て森を見ない、というようなことはもちろん防がなければいけないが、二次資料だけに頼っていたのでは、オリジナルな学問史研究とはいえない。資料には誤記もあるだろうし、意図的な歪曲さえあるかもしれない。そうしたことを前提として自分なりの歴史資料の発見や読み込みが必要であり、そのためには方法論が必要である。この章がいくらかでもそうしたことに役立てばよいと考える。

注
* １　日本心理学学会のHPで『心理学研究』とその継続前誌『心理研究』などを全文読むことができる（2011/2/24）。

第10章
心理学史を書き換える

　世界の心理学史は、21世紀を迎え、今後10数年で大幅に書き換えられる可能性に直面している。歴史が変わるのではなく、書き換えられつつあるのである。

　現在の心理学において支配的な心理学史の語りは、実はボーリングの『実験心理学史』（1929; 改訂版 1950）に拠っているところが大きい。彼はその師、ティチナーとそのまた師にあたるヴントを心理学の中心にすえた。その際、ヴントによる心理学の実験化を重視した。彼が近代心理学の画期点として心理学実験室開設をあげていたことは彼の見方を特徴づけるものである。

　心理学史に出来事暗記や年号暗記はあまり出てこないが、近代心理学の画期点として、ヴントがライプツィヒ大学に心理学実験室を開設した1879年があげられていることを知っている人は少なくないだろう。

　ところが、というべきか、第1章でも触れたが、この見方はミクロ的にもマクロ的にも疑問が呈されている。ミクロ的に、というのは、この1879年にライプツィヒ大学で何が起きていたのか、ということについての歴史的研究が進展したことを指す。その結果、物体としての実験室が建築されたり、部屋の使用が開始されたり、ということではなく、むしろゼミナールが開始され、ヴントが整備してきた実験室が正式に大学のカリキュラムに組み込まれた年ではないかということになってきた。マクロ的、というのはそもそも近代心理学の起源をなぜヴントにおくのか、ということを問うということである。

　ここでの議論は単純化すると2つの意味を持っている。実験室開設が1879年でなかったのであれば、それがいつであったのかを追究して、その

年を近代心理学の画期点としたらよい、というのが一つの考え方である。もう一つの考え方としては実験室開設にこだわることなく、多様な観点から象徴的な画期点を定めたらよいというものである。そもそもヴントにこだわることなど無いではないか、という意見もありうる。

結論だけを言うなら、ヴントの卓越性は当時においてずば抜けたものであり、むしろ、今日では過小評価されている、ということすら言える。しかし、だからといって、ヴント＝心理学の父、その他の人々には何の業績も無い、というわけではなかったのである。

1　心理学の設立に関する決定的出来事を何にするか

先の、心理学の開始に関する議論は —— ライプツィヒ大学に限ったことではないが —— 大学における心理学の始まりをどこに置くか、という優れて心理学史的な問いをも生み出すことになる。おそらく、完全な形を考えるなら、「科目としての心理学の開始」「心理学を専門とする教員の着任」「実験室の整備」「専攻生の誕生」という4つが揃えば確実に心理学が始まったということができる。その一方で、これがすべて揃わないとダメなのか、つまり、どれかが欠けた場合でも心理学が始まったと言い得るのか？という問題を立てることもできる。すなわち、以下のように整理できる。

（1）科目設立 ＝ 知識が伝達されることを重視
（2）教授就任 ＝ 大学の中にアカデミックポストが成立することを重視
（3）実験室設立 ＝ 研究者が研究する状況を整えることを重視
（4）専攻設立 ＝ 学生（＝後継者）育成を重視

すでに述べたように、従来は3の実験室開設を重視してきたのであるが、最近では（4）を重視するようになってきている。心理学に限らず専攻した学生こそが、その学問の次世代の担い手だからである。

(1)〜(4)としてあげた4つの出来事は一度に実現するわけではない。たとえば東京大学の場合には表10-1のようであった。

表10-1　東京大学およびその前身校における心理学の整備

1877（明治10）年	科目としての心理学
1888（明治21）年	精神物理学（元良勇次郎） （元良が実験に使用した部屋としての心理学実験室）
1890（明治23）年	元良が教授に就任
1903（明治36）年	独立家屋の心理学実験室
1905（明治38）年	心理学専攻生の誕生

　もし、1879年という年が、実験室創設というより学生のカリキュラムの整備、という観点から見直されるなら、2005（平成17）年が、日本の心理学の第二世紀開始にあたる記念すべき年だったということになる。日本で最初に心理学専攻生が誕生したのが1905（明治38）年だったからである。哲学の学生として心理学に興味を持った人たちは、あくまで哲学の学生であった。しかし、ここに至って心理学専攻生が誕生したのである。初期の心理学専攻生たちのプライドや誇りは大きなものであり、社会に心理学を発信すべく「心理学通俗講話会」という一般向け講演会を開き、さらには『心理研究』という準学術雑誌も創刊することになった。

2　新しいかたちを目指す心理学

　心理学に限らず、今後のこと、未来を語るのであれば、ここに来るまでの経緯を知ることが重要なのではないかと考えられる。過去を見ないものは未来を語ることができないのである。今の心理学は、世界における心理学の歴史、また、日本における心理学の歴史、のそれぞれから影響を受けて連綿と続いてきたものなのである。その流れは、社会との関係にも影響された。つまり、社会自体が持っている考え方や、社会的出来事に影響されたと考えら

れる。それは同じ心理学という学問が少しずつではあれ、さまざまな国で違う発展の仕方をしていることからも想像できる。

　世界の心理学のあり方はどうだったのか、どんな人がどんなことを考えていたのか。日本ではどうだったのか。

　これまでに私たちが知らされてきた心理学史（特に日本語で読むことのできた心理学史）は、多くの場合、学説中心であるという意味で内部史であった。進歩史観に基づいており、偉人史志向が強いものでもあったかもしれない。つまり、ある学範（ディシプリン）で成功を収めたとされる研究の流れについて、その立役者を中心に見てきたということである。しかし、そうした歴史が自らを成功史であるとか偉人史であると語ることは少ないし、他に歴史書が無いから、それらを「歴史」あるいは「正史」として受け止めざるを得なかったのである。歴史自体にも語り方があることこそが意識されなければならない。

　そして、今ここに至った心理学以外にも多様な選択肢があったこと、今ある心理学は、ある特殊な条件下での一つの経路にすぎないことを自覚することが重要であるし、そうすれば、過去の「失敗に見えること」も「豊かな資産」に変貌をとげるのである。

3　進展する社会と心理学の関係 ── 歯止めではなく後世への橋渡しを

　さて、筆者は「社会との関係」を重視する心理学があってもよいのではないかと考え、主にモード論に依拠して、そうしたことを訴えてきた（たとえばサトウ, 2001）。その訴えに効果があったかどうかはともかく、近年における日本の心理学はさまざまなかたちで社会との接点を持つようになってきた。言い換えると、学者が象牙の塔にこもるべきではない、ということは十分に浸透してきた。

　また、研究資金の供給方式も変化してきており、目的が特化したかたちで提供される資金が増えてきた。日本では科学技術振興を目的とした科学技術基本法が1995年にでき、科学技術関連予算が急激に伸びた。科学研究費も

その中に含まれているから、心理学を含む人文社会系の学問に対してもその恩恵は行き渡っている。また、2001年から5年間の科学技術基本計画には、ライフサイエンス、情報通信、環境、ナノテクノロジー・材料、という4つの分野を重点的に促進することが折り込まれている。これもまた、狭い意味での科学技術研究領域だけが恩恵を受けるものではなく、心理学などもこうした研究の一端を（ごくわずかであるとはいえ）担うことになる。この科学技術基本計画は、すでに明らかになりつつある知識を産業分野に結びつけて日本の国際的地位上昇や経済活性化をもくろむ、という面も持っている。良くも悪くも、国際競争の一環に組み込まれているのである。もっとも、競争で実現した科学技術は、国境を越えて使用されることが多いから、競争自体を悪だと見なすことはできない。先進国で開発されたエイズ治療薬が、その薬を最も必要としている国が購入できないという本末転倒な出来事が起こらないような仕組みが必要となる。

　さて、議論が科学技術とその応用というところに入り込んでしまったが、話をもとに戻したい。社会と学問の関係が密接になると、今度は別種の問題が出てくるということに注意を喚起しなければならない。社会のニーズに応えるとして、そのニーズを生み出している社会自体がある種の「悪さ」を内包していたらどうするか、という問題である。もちろん、何が「悪」であるかの定義は神ならぬ人間の身には難しい。人はその置かれた状況でそれなりにもがきながら生きているからである。とはいえ、学問の社会的意義を鼓舞する立場からは避けて通れない話題である。言葉を替えると、社会との関係を持つといった時、その社会自体がある意味で反人間的だったらどうするか、という問題である。

　およそ、あらゆる社会や団体は、その目的として、良い目的を掲げている。表面的に「地球を滅ぼす」とか「無目的大量殺人を行う」ということを目的にしてはいない。小さいところではオウム真理教、大きなところではナチス・ドイツ、いずれも、その目的は崇高なものであった。ただしその崇高な目的のための下位目標に問題を含んでいた。

　戦前の日本が例になるかどうかは難しいが、当時の国が掲げていた目標自

体は理想的なものであった。若干排外的なニュアンスもあったかもしれないが、当時の状況に照らせばそれほど極端なものではなかった。ただし、その下位目標や実行手段が理想的なものであったかといえば、そうは言えないだろう。

当時の日本人の多くは学者も含めて、政府が唱える政策を一種の理想として受け入れていた。三国同盟を結んだ同盟国ドイツの全体主義も革新的思想として尊敬の対象になりこそすれ、蔑む対象ではなかった（佐藤, 2002; p.463）。科学技術も社会科学も、そしてもちろん心理学も、全体主義的体制に乗り遅れないように争って研究をしていたのであった。それは明確な社会貢献であり、学問と社会の連携であった。

戦争に結果的に協力したことが直ちに悪だというつもりはない。また、心理学に限らずある学問を発展させるために戦争をしかけた、というような展開はありえないのだから、あくまで主従関係の「従」にすぎないことを認識することは重要である。

その当時の日本が目指していたものは、戦争終了後現在にいたるまで大枠において否定的に見られている。社会が掲げる理想像が、その内実を伴っていない場合に、社会との協働作業をすることは何を意味するのだろうか？

明確な答えなどはありえない。しかし、科学史（もしくは科学の社会史）がヒントになりえるはずである。

4　評価を未来に拓く

心理学史の意義は何か。どうすればよいか。

一つは研究評価を未来に拓くことである。もう一つは歴史叙述法への反省的視点をもち、外部史の重要性を認識することである。歴史叙述法には内部史・外部史という区別があることについてはすでに触れた。もし仮に、心理学における学説や検査が、戦争という社会的出来事と無関係に内在的に発展したかのような歴史叙述がなされたなら、それは内部史的であり、一面的で

あると指摘せざるをえない。たとえば、知能検査の歴史について、あたかも、内部史的展開をしたかのように捉えられがちであるが、それは本当だろうか。

知能を測定しようという試みは、18世紀の中頃から熱をおびて行われていた。そうした文脈の上に立って、ビネは独自の試みを開発したのである。実用的な知能検査を最初に開発したビネは子どもの実際の姿から、特殊教育対象児を選抜すべきだとして、実証的な知能検査を作り上げた。ただし、その彼ですら、「特殊教育学級に行くことは子どもにとってスティグマ」だと考えていた。もちろん、そう考えていたからこそ、検査の適用には慎重になったのである。ところが、その後の知能検査の発展はビネの考えのようには進まなかった。むしろ人を選抜したり、ひどい時には断種をさせる際の判断基準となったりしたのである。

知能検査は個人式検査だったものから集団式検査へと移行するが、それは学説の展開というよりは、使用目的の変化による。すなわちアメリカ陸軍の新兵検査のために集団式が開発されたのであった。そして大量データの分析には因子分析などの相関係数に基づくデータ分析が用いられ、知能という因子の実在さえ仮定されがちとなった。

ビネの知能検査は1905年に開発された。彼の基本的発想がもととなっている知能検査が100年続いたことの意味を問い直すことが必要である。知能検査という大枠は変更されていないが、なぜさまざまな形態のものが出てきたのか、社会との関連はどのようなものであったのか、ということが、外部史的視点から分析されるべきである。ただし、このことは学説史的な見方、内部史的な見方が不要だということを意味しない。その基本となる理論や結果表示方法は大きく変わってきている（表10-2、次ページ）。

ここで特に注目したいのは、結果表示方法が変化したことである。年齢表記から、指数表記、さらに偏差値表記と変わってきていることについて敏感であるべきだし、その数学的意味と共に、社会に与えた意味を考察するべきであろう。あえて一言で述べておけば、結果表記が抽象化するとともに、変動の少ない方法による結果表示が優勢となり、優生劣廃学（eugenics）などに利用される結果を招来した、ということになる。

表10-2　知能検査関連年表

1869	ゴルトン	『天才と遺伝』を出版
1890	キャッテル	メンタル・テストという語を作り項目を整備
1904	スピアマン	知能の二因子説（一般因子＝gと特殊因子＝s）の提唱
1905	ビネ	シモンと共同で、実用に耐える知能検査の開発
1908	ビネ	知能検査改訂版で結果の表示を精神年齢で表記する
1912	シュテルン	知能指数という概念と知能指数算出の公式を創案
1916	ターマン	ビネ＝シモン式検査を改変して結果表示を知能指数にする
1917	ヤーキス	陸軍で集団式の知能検査を開発
1939	ウェクスラー	新しい知能検査の作成。知能偏差値による結果表示を導入

　なお、こうしたことを考察するためにも、それぞれの心理学者の文献を読むことが重要となる。幸いなことに、ビネとシモンの論文については翻訳も出版されているので、是非とも本人の言葉を読んでほしい（Binet & Simon, 1905）。

　世界心理学史においては、こうした再検討が可能なように、大学や公文書館が充実している。日本でも知能検査が受容されて展開され、時に悪用されたということもあったのだが、それを歴史研究として扱うにはいたっていない。資料保存がなされていない、ということが一つの原因であろう。

5　学問にもトレーサビリティを —— アーカイブの機能

　さて、すでに何度か述べてきたように、社会と学問の関係への洞察は過去の研究に対してのみ必要なわけではない。むしろ、自分たちの研究が未来の科学史研究に開かれているということも重要である。これはたとえば監査可能性という言葉で表すことができる。監査可能性とは会計上の監査だけを指しているのではなく、プロジェクトのプロセス全般について、後世の者がもし望むなら跡づけすることができることをいう。学問においても、そのようなシステム作りが必要なのである。これは学問史の資料保存という非常に大

きな問題を提起していることになるのだが、文部科学省や日本学術振興会は真剣に考えてほしいところである。西川（1997）もまた、心理学史に関する資料保存の重要性を訴え続けてきており、関係各者の協力により実現の途を探る時期にきている。

　研究者の立場からすると、自分たちの研究が未来の科学史研究に開かれているという感覚を持つことが重要である。特に評価の問題である。現在の状況で優れた研究が未来において重要な研究だと思われるか？　逆に現在の評価が低くても未来において重要だとされる研究もあるかもしれない。歴史を未来に託すことは評価基準を多様にすることであり、それ自体が研究の多様さを保証するのである。

　繰り返しになるが、そのためにはアーカイブなどの整備が必要である。

　アーカイブは文書資料館と訳すのが理解しやすい。歴史に関する多くのアーカイブが世界各国、さまざまな領域で設置されている。日本にも必要であろう。日本でも2003年に日本アーカイブズ学会が設立されるなど、動きが活発になってきている。

6　まとめ ── 学問史の意義

　2000年に、日本で最初の心理学部が中京大学に誕生したことが象徴するように、日本の心理学は発展期の一つにあるといえる。日本の心理学の発展のあり方はいろいろなとらえ方ができるが、下記の段階をたどってきたとまとめることもできよう。

　前史
　導入
　実験室・専修の成立
　大学の心理学専攻増　学会設立
　戦後の大学増（教育心理学）
　心理学部と大学院の臨床心理学関連専攻の増大

日本における心理学の発展の中で、心理学史という下位領域も、臨床心理学のように量・比率ともに伸びている領域に比べれば微々たるものではあるが、発展期にあることは否定できないことであろう。そして、心理学史の充実が、心理学の多様な充実、現在の評価のみにとどまらない多様なチャレンジを可能にするのである。

　しかし、学問についての歴史などいらない、個々の分野のレビュー（総説）論文だけあればいい、という声も聞かれる。心理学史はなぜ、どのように必要なのだろうか。本章の最後に、心理学史の意義について筆者なりの考えを述べておきたい。

　心理学史というのは、鏡のようなものである。もちろん、鏡を見ないで自分のスタイルについて格好いいと自惚れることは可能である。周りの人が「ハンサム！」とか「かわいい」と言ってくれれば、それが自己意識を形成することになる。しかし、それは周りの声に惑わされているだけだともいえる。そうではなく、実際の姿を鏡（姿見ともいう）で見て、それによって理解することも重要なのである。

　心理学史によって、他の歴史分野とつながることができる。今までの日本の心理学史研究は、なかなか他の学問史分野とつながっていくことができなかったし、また、海外での心理学史研究ともつながりを持ちきれないでいた。内部史的かつ偉人史的な歴史が多く、内閉的になりがちであった。これはいわゆる「偉い先生」で弟子の多い人の歴史研究しか行われなかったということである。

　これからの心理学史は心理学の中だけでなく、他の学問史ともつながりを持っていくであろうし、それはおかしなことではない。知覚心理学が心理学だけでなく生理学と接点を持つように、社会心理学が社会学と接点を持つように、心理学史も広がりを持っていくだけのことなのである。

　また、学問のレビュー論文は最先端の研究を行うために重要な研究のみを手際よくまとめたものであるが、学問史の場合は成功例だけを扱うわけではない。さらに、その研究が行われた時代に評価された論文についても再評価

を行う。埋もれた研究を発掘する場合もあるし、高い評価を得た研究を捏造だとして告発することもある。歴史は評価の一環でもあるからである。

　つまり、心理学史は、過去の遺物のコレクションではない。心理学史それ自体がダイナミックな知的活動なのである。もちろん、適切な方法論（ヒストリオグラフィ）に基づいた研究活動が必要であり、その結果、成果としての心理学史は常に更新されていく。心理学の語り直しは心理学史という方法によって達成されるのである。

あとがき

　本書の内容は「はじめに」に書いた通りだが、その各章は、著者が東北大学に提出した博士論文『日本における心理学の受容と展開』（後に北大路書房から出版；2002）をまとめた後に、主に依頼されて執筆した論考から成っている。
　それぞれの論文は、以下のような理由で執筆されたものである。

・心理学事典の企画に加わり（海保博之先生からの依頼）、心理学全体の略史を執筆する機会に恵まれた。
・学位論文について日本心理学会で講演しその内容をまとめた（自作自演）。
・近代心理学の成立ということを考える作業が面白くなっているところに、方法論の本（渡邊芳之先生からの依頼）、研究会参加とその執筆（荒川歩先生からの依頼）があり、書いてみた。
・島根県立大学の西周研究会に参加する機会を得たため、博士論文執筆時には棚上げにしていた西周の知的格闘について取り組む機会を得た（井上厚史先生からの依頼）。放送大学心理学史テキストにおいて、日本の心理学者を中心に全15回を構成するという空前絶後の試みがあり、揺籃期の日本の心理学について元良勇次郎という人物を中心に執筆したり、排除された領域に注目して執筆する機会を得た（西川泰夫先生からの依頼）。
・「心理学のあたらしいかたち」の中のシリーズとして『心理学史の新しいかたち』を編集することになり（下山晴彦先生からの依頼）、自らは心理学史の方法論（ヒストリオグラフィ）や歴史に取り組むことの意義を書く機会を得た。

　このほかにも性格心理学史や社会心理学史などの執筆依頼もあり、本書

に入れたいとも思ったが、分量と何よりもまとまりの点から今回は含めることができなかった。

　心理学史に限らず、日本国内外に限らず、私は頼まれたら書くということを繰り返しているので、全体としてのまとまりなどあまり考えていない。書き散らかしているとまでは言わないが、全体像は考えていない。社会からの要請で書くのだから、社会に秩序があるのであれば、書いたものは何らかの形を作り上げてくれるだろうと楽観しているのである。博士論文執筆以降の論考は心理学史から質的研究や文化心理学にシフトし、また英語執筆も増えてきたが、それらを特にまとめようという気も起きなかった。

　しかし、立命館大学において二人の研究者をロールモデルとして間近に感じることができ、まとめる、ということをしなければいけないという思いが強くなった。一人は江原武一先生でありもう一人は小泉義之先生である。お二人の名前をあげることは迷惑かもしれないが、お二人の著作に対する意識を間近に感じることが自分の学的スタイルへの反省的思考を刺激し、本書が刊行に向けて歩み出したのは事実である。

　また、80歳をこえてますますお元気な大山正先生がお一人で心理学史を執筆・刊行されたということも、私にとってはサプライズであり自らを奮い立たせる材料となった。

　このほかに
　ヒストリオグラフィをたたき込んでいただいた溝口元先生
　自分の興味を大事にするという研究者としての基礎を与えていただいた詫摩武俊先生
　日本の心理学史をまとめるという方向づけを示唆していただき、学位論文を審査していただいた大橋英寿先生
　実験系と非実験系というコンビネーションのもと、現在の日本の心理学界で広く読まれている心理学史のテキストを一緒に執筆した高砂美樹先生
の四人の先生方の学恩は私にとって何にも代え難い貴重なものであり、私が心理学史研究を行う原動力を与えていただいているという点で改めて皆様に

あとがき

感謝したい。

　本書は、心理学概説、西洋近代心理学に関する争点、日本近代心理学に関する争点、心理学史の方法論（ヒストリオグラフィ）という四部構成となった。それぞれの章に収録した論文の出典については、巻末の出典一覧にまとめてある。転載をご許可いただいた朝倉書店、てんむフォーラム、ぺりかん社、放送大学、誠信書房に深く感謝申し上げる。転載にあたっては、一つの本としてまとめるための分割や文章の加除など、必要な編集を行っている。

　電子ブックの時代になり、出版社はどうなっていくのか、という危惧を持つ人もいると聞くが、私自身は編集こそがプロフェッショナルな仕事であり、出版社の役割はますます重要になるのではないかと思っている。少なくとも私は個人で何かをネットに出して世に問おうという気にはあまりならない。本書出版にあたって編集の労をとられ、魅力的な本に仕上げてくれた新曜社・塩浦暲社長に感謝する所以である。心理学史に続き、質的研究（法）、モード２心理学（応用社会心理学）についても順次刊行して世に問うていきたいと考えているが、その際にも重要なのは編集という作業なのだと思う。

　最後に、本書に対しては立命館大学文学会より研究刊行補助金を得たことを付記してお礼に代えたい。

サトウタツヤ

文　献

第1章　近代心理学成立への胎動
Allport, G. W.（1937）*Personality: A Psychological Interpretations*.（詫摩・青木・近藤・堀共訳（1982）『パーソナリティ —— 心理学的解釈』新曜社.）
Bolles, R. C.（1993）*The Story of Psychology: A thematic history*. Pacific Grove, CA: Brooks-Cole.（富田達彦訳 2004『心理学物語 —— テーマの歴史』北大路書房.）
Brožek, J. M.（1999）From "psichologia" to "psychologia": A graphically documented archivalstudy across three centuries. *Journal of the History of the Behavioral Sciences, 35*, 177-180.
Danziger, K.（1997）*Naming the Mind: How psychology found its language*. Sage Publication.（河野哲也訳（2005）『心を名づけること』勁草書房.）
Darwin, C.（1877）A biographical sketch of an infant. *Mind, 2*, 285-294.
エランベルジェ, H. F.（1956）／中井久夫訳（1999）『フェヒナーとフロイト』「エランベルジェ著作集1」みすず書房, Pp.83-105.
Green, C. D., Shore, M., & Teo, T.（2001）Introduction. In C. D. Green, M. Shore, & T. Teo（Eds.）, *The Transformation of Psychology*. American Psychological Association.
Lapointe, F. H.（1972）Who originated the term 'psychology'? *Journal of the History of the Behavioral Sciences, 8*, 328-335.
溝口元（1997）「性格研究の源流をさかのぼる」朝日新聞社編『多重人格とは何か』朝日新聞社.
岡本栄一（2001）「精神物理学」中島義明編『現代心理学理論事典』朝倉書店, 第1部第5章1節, Pp.104-108.
サトウタツヤ（2005）「性格研究の源流」戸田まり・伊藤美奈子・サトウ タツヤ著『グラフィック性格心理学（グラフィック・ライブラリ）』サイエンス社, Pp.214-241.
高砂美樹（2003）「20世紀の最大潮流とその批判」サトウタツヤ・高砂美樹共著『流れを読む心理学史』有斐閣.
テオフラストス／森進一訳（1982）『人さまざま』岩波文庫.
梅本堯夫（1994）「心理学の起源」梅本堯夫・大山正編『心理学史への招待』サイエンス社, 第1章.

第2章　近代心理学の成立
Capshew, J. H.（1999）*Psychologists on the March: Science, practice, and professional identity in America, 1929-1969*. Cambridge University Press.
Eysenck, H. J.（1966）*The Effects of Psychotherapy*. Pitman Medical Publishing, Co. Ltd.,

London（大原健士郎・清水信訳（1969）『心理療法の効果』誠信書房.）

Fuchs, A. H., & Milar, K. S.（2003）Psychology as a science. In D. K. Freedheim（Ed.）, *Handbook of Psychology: History of psychology*（Vol.1, pp.1-26）, New York: Wiley.

Kahneman, D., & Tversky, A.（1979）Prospect theory: An analysis of decisions under risk. *Econometrica, 47*, 313-327.

サトウタツヤ（2003）「心理学と社会 ── 心理学領域の拡大」サトウタツヤ・高砂美樹共著『流れを読む心理学史』有斐閣, 第 3 章.

高砂美樹（2003）「心理学史の方法論」サトウタツヤ・高砂美樹共著『流れを読む心理学史』有斐閣, 序章.

Watson, J. B.（1913）Psychology as the behaviorist views it. *Psychological Review, 20*, 158-177.

Wertheimer, M.（1912）Experimentelle Studien uber das Sehen von Bewegung. *Zeitschrift für Psychologie, 61*, 161-265.

Wozniak, R. H.（1999）*Clasics in Psychology 1855-1914: Historical essays*. Thoemmes Press.

第 3 章　近代日本における心理学の受容と制度化

Gibbons, M. et al.（1994）*The New Production of Knowledge: The dynamics of science and research in contemporary societies*. London: Sage Publication ／小林他訳（1997）『現代社会と知の創造』丸善ライブラリー.

小林信一（199）「モード論と科学技術の脱-制度化」『現代思想』*24*（6）, 254-264.

Kuhn, T. S.（1977）*The Essential Tension: Selected studies in scientific tradition and change*. Chicago; London: University Chicago Press.（安孫子誠也・佐野正博訳（1987）『本質的緊張 ── 科学における伝統と革新』みすず書房.）

佐藤達哉（1998）「進展する『心理学と社会の関係』モード論からみた心理学 ── 心理学論（へ）の挑戦（3）」『人文学報』（東京都立大学）, 第 288 号, 153-177.（この論文はサトウタツヤ・渡邊芳之・尾見康博（2000）『心理学論の誕生』北大路書房. に再録されている。）

サトウタツヤ（2001）「モード論 ── その意義と対人援助科学領域への拡張」『立命館人間科学研究』*2*, 3-9.（http://www.ritsumei.ac.jp/acd/re/k-rsc/hs/hs/publication/files/NINGEN_2/02_003-009.pdf）

佐藤達哉（2002）『日本における心理学の受容と展開』北大路書房.

第 4 章　近代心理学の成立と方法論確立の関係 ── カントの不可能宣言を補助線に

Bell, M.（2005）*The German Tradition of Psychology in Literature and Thought, 1700-1840*.（Cambridge Studies in German）Cambridge: Cambridge University Press.

Boring, E.（1950）*A history of Experimental Psychology*（2nd ed.）Appleton-Century-Crofts.

Bringmann, W. G., Ungerer, G. A. (1980) The foundation of the institute for experimental psychology at Leipzig University. *Psychological Research, 42*, 5-18.

Cheselden, W. (1728) Observations made by a young gentleman, who was born blind, or lost his sight so early, that he had no remembrance of ever having seen, and was couched between 13 and 14 years of age. *Philosophical Transactions of the Royal Society of London, 35*, 235-237.

Danziger, K. (1990). *Constructing the Subject: Historical origins of psychological research*. New York: Cambridge University Press.

Danziger, K. (1997) *Naming the Mind: How psychology found its language*. Sage Publication.（河野哲也訳（2005）『心を名づけること』勁草書房.）

Diamond, S. (2001) Wundt before Leipzig. In R. W. Rieber & D. K. Robinson (Eds.), *Wilhelm Wundt in History: The making of a scientific psychology*. Kluwer Academic Plenum. Pp.1-68.

遠藤利彦（2007）「語りから"見え"を探る —— 知覚心理学における質的研究」『質的心理学研究』6, 200-201.

Fechner, G. T. (1860) *Elemente der Psychophysik*. Breitkopf & Härtel.

Green, C. D., Shore, M., & Teo, T. (2001) Introduction. In C. D. Green, M. Shore, & T. Teo (Eds.), *The Transformation of Psychology*. American Psychological Association.

平野俊二（1994）「反応時間研究」梅本堯夫・大山正編著『心理学史への招待』サイエンス社, 第6章, Pp.81-88.

Kant, I. (1786) *Metaphysische Anfangsgrunde der Naturwissenschaft*. Riga: Johann Friedrich Hartknoch.（戸坂潤訳（1928）『自然哲学原理』岩波書店./犬竹正幸訳（2002）『自然の形而上学』カント全集12に所収, 岩波書店.）

近堂秀（2004a）「心の存在と非存在 —— 近代啓蒙思想の「こころ」の学」『理想』第672号, 97-105.

近堂秀（2004b）「カントの『心の哲学』」『法政大学文学部紀要』第50号, 51-70.

Locke, J. (1689) *An Essay Concerning Human Understanding*.（大槻春彦訳（1972-1977）『人間知性論』(1), 岩波文庫, Pp.205.）

増田惟茂（1933）『実験心理学』岩波書店.

Molyneux, W. (1687) Concerning the apparent magnitude of the sun and moon, or the apparent distance of two stars, when nigh the horizon and when higher elevated. *Philosophical Transactions of the Royal Society of London, 19*, 314-323.

Mook, D. (2004) *Classic Experiments in Psychology*. Greenwood Press.

Murray, D. J. (1993) A perspective for viewing the history of psychophysics. *Behavioral and Brain Sciences, 16*, 115-186.

Nayak, A. C. & Sotnak, E. (1995) Kant on the impossibility on the 'soft science'. *Philosophy and Phenomenological Research, 55*, 133-151.

西脇与作（2004）『科学の哲学』慶應義塾大学出版会.

岡本栄一（2001）「精神物理学」中島義明編『現代心理学理論事典』朝倉書店，第1部第5章1節, Pp.104-108.

大橋容一郎（2003）「見なしと仮説 —— 学の方法論とカント」『日本カント研究』4, 25-50.

苧阪直行（1994）「精神物理学的測定法」『新編・感覚知覚心理学ハンドブック』総論 2, 19-41.

苧阪直行（2001）「精神物理学的理論」中島義明編『現代心理学［理論］事典』朝倉書店, 215-234.

Oyama, T., Torii S. & Mochizuki, T.（2005）Pioneer studies on perception in the 1930's: A historical background of experimental psychology in Japan. *Japanese Psychological Research, 47,* 73-87.

Popplestone, J. A. & McPherson, M. W.（1999）*An Illustrated History of American Psychology* （2nd ed.）. University of Akron Press.（大山正監訳（2001）『写真で読むアメリカ心理学のあゆみ』新曜社.）

Reed, E. S.（1997）*From Soul to Mind: The emergence of psychology from Erasmus Darwin to William James*. Yale University Press.（村田純一・鈴木貴之・染谷昌義訳（2000）『魂から心へ —— 心理学の誕生』青土社.）

Robinson, D. K.（2001）Reaction-time experiments in Wundt's institute and beyond. 161-200. In R. W. Rieber & D. K. Robinson（Eds.）, *Wilhelm Wundt in History: The making of a scientific psychology*（Pp.69-94）, New York: Plenum.

Ross, E. & Murray, D. J.（Eds.）（1978）*E. H. Weber on the Tactile Senses*. Academic Press.

佐藤達哉（2002）『日本における心理学の受容と展開』北大路書房.

佐藤達哉（2005）「西周における『psychology』と『心理学』の間」島根県立大学西周研究会編『西周と日本の近代』ぺりかん社, Pp.217-251.

佐藤達哉（2006）「心理学の歴史」海保博之・楠見孝監修『心理学総合事典』第一部1章, 朝倉書店, Pp.1-18.

佐藤達哉・尾見康博（1994）「ポップとアカデミック —— 現代日本の心理学における2つの流れ」AERA-Mook3『心理学がわかる』朝日新聞社, 120-128.

Sturm, T.（2006）Is there a problem with mathematical psychology in the eighteenth century?: A fresh look at Kant's old argument. *Journal of the History of the Behavioral Sciences, 42,* 353-377.

高砂美樹（2003）「19世紀の心理学」サトウタツヤ・高砂美樹『流れを読む心理学史 —— 世界と日本の心理学』有斐閣, 第1部1章.

Tetens, J. N.（1777）*Philosophische Versuche über die menschliche Natur und ihre Entwickelung*. Leipzig.（人間本性とその発展に関する哲学的試み）

Tinker, M. A. 1932. Wundt's doctorate students and their theses: 1875-1920. *American Journal of Psychology, 44,* 630-7.

Titchener, E. B.（1901-1905）. Experimental psychology: A manual of laboratory practice. 4

vols. Macmillan Co.
鳥居修晃・望月登志子（2000）『先天盲開眼者の視覚世界』東京大学出版会．
Weber, E. H.（1834）*De Pulsu, Resorptione, Auditu Et Tactu. Annotationes Anatomicae Et Physiologicae*. Koehler, Leipzig. 上述 Ross, E. & Murray, D.J.（Eds.）（1978）の中の英訳を使用．
Weber, E. H.（1846）*Die Lehre vom Tastsinn und Gemeingefuhl*. Braunschweig. 上述 Ross, E. & Murray, D.J.（Eds.）（1978）の中に英訳あり．
Wozniak, R. H.（1999）*Classics in Psychology, 1855-1914: Historical essays*. Bristol, UK: Thoemmes Press.
Wundt, W.（1862）*Beiträge zur Theorie der Sinneswahrnehmung*. Leipzig, Heidelberg: C. F. Winter. 英訳版を用いた．Wundt, W.（1961）. Contributions to the theory of sensory perception. In T. Shipley（Ed.）, *Classics in Psychology*. New York: Philosophical Library, Pp.51-78, p.72.
Wundt, W.（1874）*Grundzüge der physiologischen Psychologie*. Wilhelm Engelmann.
Wundt, W.（1920）*Erlebtes und Erkanntes*. Kröner, Stuttgart.（川村宣元・石田幸平訳（2002）『体験と認識 —— ヴィルヘルム・ヴント自伝』東北大学出版会．）
Zajonc, A.（1993）*Catching the Light*. New York, Oxford University Press.

第5章 心理学と科学の関係を考える —— ゲーテ『色彩論』を補助線に

Goethe, J. W.（1810）*Zur Farbenlehre*. Tubingen: J. G. Cottasche Buchhandlung.（木村直司他訳（2003）『ゲーテ全集 新装普及版』第14巻『自然科学論』潮出版社, 所収．）
Nayak, A. C. & Sotnak, E.（1995）Kant on the impossibility on the 'soft science'. *Philosophy and Phenomenological Reseach*, 55, 133-151.
サトウタツヤ（2002）「21世紀の教育心理学 —— 不毛性論争に触発されつつ」『教育心理学年報』*42*, 139-156.
サトウタツヤ・安田裕子・木戸彩恵・高田沙織・ヤーン＝ヴァルシナー（2006）「複線径路・等至性モデル —— 人生径路の多様性を描く質的心理学の新しい方法論を目指して」『質的心理学研究』*5*, 255-275.
Sato, T., Yasuda, Y., Kido, A., Arakawa, A., Mizoguchi, H., & Valsiner, J.（2007）Sampling reconsidered: Idiographic science and the analyses of personal life trajectories. In J. Valsiner, & A. Rosa（Eds.）, *Cambridge Handbook of Socio-Cultural Psychology*, Chapter 4, Cambridge University Press, Pp.82-106.
Thuillier, P.（1980）*Le Petit Savant Illustre*. Editions de Seuil.（小出昭一郎監訳（1984）『反＝科学史』新評論．）
東京帝国大学・文科大学心理学教室（1910）『実験心理写真帖』

第6章 西周における「psychology」と「心理学」の間 —— ヘブンの精神哲学を補助線に

安倍淳吉（1988）「明治期における心理学の受容形成過程に関する諸問題」安倍淳吉・恩

田彰・黒田正典監修『現代心理学の理論的展開』川島書店, Pp.85-127.

荒川歩 (2000)「ジョンズ・ホプキンス大学入学以前の元良勇次郎」『心理学史・心理学論』 *2*, 17-23.

麻生義輝 (1942)『近世日本哲学史』(復刻版 1974), 宗高書房.

麻生義輝編 (1933)『西周哲学著作集』岩波書店.

Bolles, R., C. (1993) *The Story of Psychology: A thematic history*. Pacific Grove, CA: Brooks-Cole.（富田達彦訳 (2004)『心理学物語 —— テーマの歴史』北大路書房.）

Boudewijnse, G., A., Murray, D. J., & Bandomir, C. A. (1999) Herbart's mathematical psychology. *History of Psychology, 2*, 163-193.

Bringmann, W. G., Bringmann, N. J. & Ungerer, G. A. (1980) The establishment of Wundt's laboratory: An archival and documentary study. In W. G. Bringmann & R. D. Tweney (Eds.), *Wundt Studies*, C. J. Hogrefe, Pp.123-157.

Brozek, J. M. (1999) From "psichologia" to "psychologia": A graphically documented archivalstudy across three centuries. *Journal of the History of the Behavioral Sciences, 35*, 177-180.

陳淳 (佐藤仁訳) (1996)『朱子学の基本用語 —— 北渓字義訳解』研文出版.

Fuchs, A., H. (2000) Contributions of American mental philosophers to psychology in the United States. *History of Psychology, 3*, 3-19.

蓮沼啓介 (1980)「開題門の成立事情（二）・（完）」『神戸法学雑誌』*30*, 571-597.

蓮沼啓介 (1982)「西周における哲学の成立（三）」『神戸法学雑誌』*32*, 1, 127-175, p.159

井上厚史 (2005)「西周と儒教思想 ——『理』の解釈をめぐって」島根県立大学西周研究会編『西周と日本の近代』ぺりかん社.

石塚正英・柴田隆行 (2003)『哲学・思想翻訳語辞典』論創社.

児玉斉二 (1982)「『奚般氏心理学』の研究 (1)」『日本大学人文科学研究所研究紀要』*26*, 97-115.

児玉斉二 (1985)「『奚般氏心理学』の研究 (2)」『日本大学人文科学研究所研究紀要』*31*, 174-198.

児玉斉二 (1988)「"PSYCHOLOGY" と心理学 —— 述語学的考察」安倍淳吉・恩田彰・黒田正典監修『現代心理学の理論的展開』川島書店, Pp.105-112.

小泉仰 (1989)『西周と欧米思想との出会い』三嶺書房.

Lewes, G. H. (1871) *The History of Philosophy from Thales to Comte*. London: Longmans, Green.

松本三之介 (1996)『明治思想における伝統と近代』東京大学出版会.

松野安男 (1986)「西周の思想における心理学」『東洋大学文学部紀要』*39*, 1-15.

西川泰夫 (1995)「「心理学」、学名の由来と語源をめぐって —— サイコロジーは心理学か」『基礎心理学研究』*14*, 9-21.

西川泰夫 (2008)「千葉県郷土史：近現代史の一断面 —— 幕末から開明期における佐倉藩士と洋学「西国の心学、心理学」との接点 —— 西村茂樹・津田仙略伝」『放送大学研究

年報』26, 25-37.
大久保利謙（1966a）『西周全集』第1巻解説.
大久保利謙（1966b）『西周全集』第2巻解説.
大久保利謙（1981）『西周全集』第4巻解説.
Young, R. M. (1990) *Mind, Brain, and Adaptation in the Nineteenth Century: Cerebral Localization and Its Biological Context from Gall to Ferrier*. Oxford University Press.
佐藤達哉（2002）『日本における心理学の受容と展開』北大路書房.
高橋澪子（1999）『心の科学史 ── 西洋心理学の源流と実験心理学の誕生』東北大学出版会.
高砂美樹（2003）「19世紀の心理学」サトウタツヤ・高砂美樹『流れを読む心理学史 ── 世界と日本の心理学』有斐閣, 第1部1章.
手島邦夫（1999）「西周『致知啓蒙』の訳語 ── その形成過程と出自について」『文芸研究』147, 48-58.
手島邦夫（2002）「西周の訳語の定着 ── 『哲学字彙』から明治中期の英和辞書と中後期の国語辞書へ」『文芸研究』154, 25-38.
渡辺与五郎（1985）『シモン・フィッセリング研究』文化書房博文社.
Weber, E. H. (1834) *De Pulsu, Resorptione, Auditu Et Tactu. Annotationes Anatomicae Et Physiologicae*. Koehler, Leipzig. Ross, E. & Murray, D.J.（Eds.）(1978) *E. H. Weber on the Tactile Sense*. Academic Press. の中の英訳を使用.

【西周の著作・論文】
1873（明治6）年　　『生性發蘊』（西周全集第一集　宗高書房　1960, p.30）
1875a（明治8）　　　『心理学　一』文部省
1875b　　　　　　　『心理学　二』文部省
1876（明治9）年　　『心理学　三』文部省
1886（明治19）年　「心理説の一斑」『東京学士会院雑誌』第8編（第4冊）

第7章　元良勇次郎 ── わが国最初の心理学者

Hall, G. S. & Motora, Y. (1887) Dermal sensitiveness to gradual pressure changes. *American Journal of Psychology*, 1, 72-98.
角帽子（1913）「人格の人元良教授」故元良博士追悼学術講演会編『元良博士と現代の心理学』弘道館, Pp.468-471.
故元良博士追悼学術講演会編（1913）『元良博士と現代の心理学』弘道館.
元良勇次郎（1905）「欧米歴遊実験談」『哲学雑誌』20, 291-308.
Motora, Y. (1905) An essay on eastern philosophy, (Idea of ego in eastern philosophy), Leipzig: Voigtlander.
元良勇次郎（1906）「心の一切の経験及び其の分化法に就いて」『哲学雑誌』21, 288-303.
元良勇次郎（1915）『心理学概論』丁未出版社.

苧阪良二（1998）「明治から昭和初期にいたる実験心理学の形成過程 —— 元良勇次郎と松本亦太郎を中心として」『心理学評論』41, 333-358.
佐藤達哉（2002）『日本における心理学の受容と展開』北大路書房.

第8章　日本の近代心理学成立期における境界画定作業 —— 排除される知としての妖怪・透視・念写

藤垣裕子（2003）『専門知と公共性』東京大学出版会.
藤教篤・藤原咲平（1911）『千里眼実験録』大日本図書.
福来友吉（1917）「観念は生物也（1）」『変態心理』1, 159-178.
溝口元（1997）「心霊主義、生命主義と心理学」佐藤・溝口編『通史　日本の心理学』北大路書房, 第2部第1章, Pp.124-136.
恩田彰（1986）「明治時代における心理学の移植と展開について —— 井上円了の業績を中心にして」伊東一夫編『近代思想・文学の伝統と変革』明治書院.
恩田彰（1989）「井上円了の心理学の業績」清水乞編著『井上円了の学理思想』東洋大学.
佐藤達哉　2002『日本における心理学の受容と展開』北大路書房.
鈴木祐子（1997）「日本の心理学における学範成立」佐藤達哉・溝口元編『通史　日本の心理学』北大路書房, 第2部第2章, Pp.137-155.

第9章　ヒストリオグラフィと資料保存の重要性

Boring, E. G.（1950）*History of Experimental Psychology* 2nd ed. Appleton-Century-Croft.
西川泰夫（1997）「『日本の心理学史』保存への問題提起 —— 今あるような心理学はなぜそのようにあるのか」『科学基礎論研究』87, 23-29.
大泉溥編纂（2003）『日本心理学者事典』クレス出版.
苧阪直行編著（2000）『実験心理学の誕生と展開 —— 実験機器と史料からたどる日本心理学史』京都大学学術出版会.
Popplestone, J. A. & McPherson, M. W.（1999）*An Illustrated History of American Psychology*（2nd ed.）. University of Akron Press.（大山正監訳（2001）『写真で読むアメリカ心理学のあゆみ』新曜社.）
佐藤達哉（2002）『日本における心理学の受容と展開』北大路書房.
佐藤達哉・溝口元編（1997）『通史　日本の心理学』北大路書房.
心理科学研究会（1998）『日本心理学史の研究』法政出版.
高砂美樹（2003）「19世紀の心理学」サトウタツヤ・高砂美樹『流れを読む心理学史 —— 世界と日本の心理学』有斐閣, 第1部1章.
辻本昌弘（2004）「関連する文書を調べる」無藤隆・やまだようこ・南博文・麻生武・サトウタツヤ編『ワードマップ 質的心理学』新曜社.
Woodward, W. R.（1980）Toward a critical historiography of psychology. In J. Brozek & L. J. Pongratz（Eds.）, *Historiography of Modern Psychology*, C. J. Hogrefe, Pp.29-67.
山下恒男（1982）「イデオロギーとしての教育心理学」『日本の教育心理学』明治図書,

Pp.96-130.

第10章 心理学史を書き換える

Binet, A. & Simon, Th.（1905）Methodes nouvelles piur le diagnostic du niveau intellectuel des anormaux. *L'Anee Psychologique, 11*, 191-244.（中野善達・大沢正子訳（1982）『知能の発達と評価』福村出版, 所収.）

Boring, E. G.（1950）*History of Experimental Psychology* 2nd ed. Appleton-Century-Croft.

西川泰夫（1997）「『日本の心理学史』保存への問題提起 ── 今あるような心理学はなぜそのようにあるのか」『科学基礎論研究』*87*, 23-29.

サトウタツヤ（2001）「モード論 ── その意義と対人援助科学領域への拡張」『立命館人間科学研究』*2*, 3-9.（http://www.ritsumei.ac.jp/acd/re/k-rsc/hs/ningen/NINGEN_2/003-009sato.pdf）

佐藤達哉（2002）『日本における心理学の受容と展開』北大路書房.

人名索引

■ あ 行
アイゼンク, ハンス　31
麻生義輝　109
アドラー, アルフレッド　25
アリストテレス　4, 5, 91
伊沢修二　38
犬竹正幸　66
井上円了　151-155, 161
井上哲次郎　15, 38, 118
ヴィゴツキー, レフ　28
ヴェルトハイマー, マックス　23
ヴォルフ, クリスティアーノ　5, 63, 82, 112
ヴント, ヴィルヘルム　6, 11, 13-22, 35, 38, 58, 64, 81-87, 89, 90, 95, 96, 98, 118, 120, 121, 149, 181
ウィトマー, ライトナー　27
ウィーナー, ノバート　32
ウェクスラー, デビッド　26
上野陽一　41, 147
ウェーバー, エルンスト・ハインリヒ　9, 72-77, 79, 86, 98-100, 119-121
ウッドワード, W. R.　167
海老名美屋　140
エビングハウス, ヘルマン　16, 86, 87, 91
エランベルジェ, H. F.　10
エリクソン, エリク　33
エーレンフェルス, クリスチャン・フォン　16, 23
エンジェル, ジェームズ　17
大久保利謙　115, 125
大瀬甚太郎　143
太田（新渡戸）稲造　142
大槻快尊　147
大西祝　143
大橋容一郎　65
大山正　62
小野島右左雄　47

オルポート, ゴードン　4, 29

■ か 行
カーネマン, ダニエル　32
鎌田鵬　37
亀井茲常　133
亀井茲監　133
ガル, F. J.　118, 121
ガレノス　5
カント, イマヌエル　6, 59, 64, 66-72, 83, 88, 90, 96-98, 119
キャッテル, ジェームズ　18, 26
ギャランター, ユージン　32
キュルペ, オスヴァルド　16, 82
倉橋惣三　41, 147
クレッチマー, エルンスト　29
黒瀬艶子　43
黒田亮　44, 46
クロンバック, リー　34
桑田芳蔵　15, 41, 43, 47
クーン, T. S.　36
ゲゼル, アーノルド　28
ゲーテ, J. W. von　101-104
ケーラー, ヴォルフガング　24
小泉仰　113, 122, 125
ゴクレニウス　5
ゴダード, ヘンリー　28
児玉斉二　115, 128
小林信一　36
コフカ, クルト　23
コフート, ハインツ　25
ゴルトン, フランシス　18, 19, 26
コンディヤック, E. B. de　61
コント, A.　117, 121

■ さ 行
サーストン, ウィリアム　18

207

佐藤昌介 142
佐藤達哉 33, 149
サリー, J. 21
ジェームズ, ウィリアム 17, 86, 149, 155, 156
シェリング, F. W. J. 71
シモン, テオドール 26
ジャネ, P. 86
シャルコー, ジャン=マルタン 17
シュテルン, ヴィルヘルム 26
シュトゥルム, T. 70
ジンバルド, フィリップ 32
菅原教造 147
杉田泰(ゆたか) 139
スキナー, バラス 30
スピアマン, チャールズ 26
スペンサー, ハーバート 7
ソトヤック, E. 96
ソープール, J. 71
ソーンダイク, エドワード 17

■た 行
ダーウィン, チャールズ 8, 28, 86
高砂美樹 167
高嶺秀夫 38
竹内楠三 157
谷本冨(とめり) 41, 143
ターマン, ルイス 26, 28
ダンジガー, K. 6, 75
チュイリエ, P. 101
チーゼルデン, W. 61
千葉胤成(たねなり) 12, 43
チョムスキー, ノーム 32
塚原政次 40, 43, 47
津田真道 130
津田仙 140
ティチナー, エドワード 18, 22, 86, 89, 181
ディドロ, D. 61
テオフラストス 5
デカルト, R. 59, 119
手島邦夫 112
テーテンス, J. N. 63, 64
テーヌ, イッポリット 8
暉峻(てるおか)義等 147

トゥバスキー, エイモス・ 32
徳富猪一郎(蘇峰) 140
外山正一 38, 157
鳥居修晃 62
トールマン, エドワード 30
トレンデレンブルグ, F. A. 87
ドンデルス, フランシスカス 11, 80, 81

■な 行
ナイサー, ウルリック 32
長尾郁子 159, 160
中島力造 39
長瀬鳳輔 142
中村古峡 46, 176
夏目漱石 148
ナヤック, A. C. 96
新島襄 38
西周(あまね) 37, 109-135, 152
西川泰夫 127, 128, 189
西田幾多郎 44
ニュートン, アイザック 86, 103, 168
野上俊夫 42, 43, 46

■は 行
バークリ, G. 61
蓮沼啓介 113
パブロフ, イワン・ペトローヴィチ 22
ハル, クラーク 30
ハーロウ, ハリー 33
バンデューラ, アルバート 33
ピアジェ, ジャン 28, 32
ピアソン, カール 18
ビネ, アルフレッド 17, 26, 86
ピネル, フィリップ 17
ヒポクラテス 5
フィセリング, S. 113
フィヒテ, J. G. 71
フェスティンガー, レオン 33
フェヒナー, グスタフ・テオドール 9, 10, 35, 58, 72, 76-79, 82, 90, 98-100, 119-121, 149
福来(ふくらい)友吉 41, 42, 49, 50, 151, 152, 155-163
藤教篤 160

富士川游　176
プライヤー, W.　8, 28
フランクル, ヴィクトール　30
プリブラム, カール　32
古川竹二　177
ブレンターノ, フランツ　16
フロイト, アンナ　25
フロイト, ジークムント　10, 24, 25, 28
ブロイラー, オイゲン　17
ブロゼク, J. M.　5, 111
ベイン, アレキサンダー　7, 20, 71, 110, 121
ヘヴン, J.　37, 109, 121, 124, 125, 130, 134, 140
ヘーゲル, G. W. F.　71
ベッセル, F. W.　80
ベルグソン, H-L.　91
ヘルバルト, J. F.　71, 72, 98, 119
ヘルムホルツ, ヘルマン・フォン　10, 86
ボウルビー, ジョン　33
ポップルストーン, J. A.　170
ポパー, K.　79
ボーリング, E.　82, 85, 95, 167, 181
ホール, スタンレー　18, 28, 39, 133, 141, 145, 156

■ま　行
マイノング, アレクシウス　16, 23
マクファーソン, M. W.　170
マズロー,　31
松本亦太郎　40-43, 49, 158, 177
マーレー, D. J.　73
御船千鶴子　159
ミュラー, ヨハネス　10
ミュンスターバーグ, ヒューゴー　18
ミラー, ジョージ　32

ミル, ジョン・スチュアート　7, 121
ミルグラム, スタンレー　32
メスメル, フランツ・アントン　17
モーガン, ロイド　8
望月登志子　62
元良勇次郎　21, 38, 40-42, 49, 89, 133, 139-150, 158, 160, 177
元良米　140
森田正馬　147, 154
モリヌークス, W.　60

■や　行
安井てつ　140
山川健次郎　160
山口三之助　157
ユング, カール　25, 28, 29
吉田熊次　177

■ら　行
ライプニッツ, ゴットフリート・ヴィルヘルム　15, 61
リード, E. S.　90
リボー, テオデュール　17
ル・ボン, G.　17
ルイス, G. H.　117, 118
レヴィン, クルト　24, 32
ロジャーズ, カール　27, 31
ロス, E.　73
ロック, J.　23, 60, 63, 119
ロビンソン, D. K.　85
ロマーニズ, ジョージ・ジョン　8

■わ　行
渡辺徹之介　143
ワトソン, ジョン　17, 22, 23, 27, 30

事項索引

■あ 行

愛着（アタッチメント） 33
アイデンティティ 33
アーカイブ（資料館） 170, 179
　　——の機能 188
アクション・リサーチ 24
アリストテレスによる心の階層 4
暗黙の史観 172
閾 9, 120
偉人史観 172
一次資料 169, 176
医療モデル 104
インヴィジブル・カレッジ 173
因果法則（因果モデル） 64, 104
因子分析 26
ヴュルツブルク学派 16
ヴント以後の心理学 87
ヴント文庫 14
ウェーバーの法則 72, 76, 79, 99
Web-cat 176
応用心理学会（日本） 46
オーラルヒストリー 169

■か 行

回帰方程式 18
『開題門』（西周） 122
外部史 36, 186
外部主義 168
『カウンセリングと心理療法』（ロジャーズ） 31
科学史 186
科学者－実践者モデル 28
科学の定義 79, 97
学術誌
　　——の発刊 20
　　——の整備 44
学　範（ディシプリン） 36, 49, 50, 70, 82, 86, 139, 145, 151, 162, 168, 184
　　——の「画定」 151
学問史の意義 189
『学理応用催眠術自在』（竹内楠三） 157
感覚研究 72
感覚生理学 73
『感覚と知性』（ベイン） 7, 110
『感覚論』（ウェーバー） 120
『感覚論』（コンディヤック） 61
関西応用心理学会 46
間接経験 83
カントの不可能宣言 65, 68, 72, 83, 90, 96, 100, 119
『記憶術講義』（井上円了） 154
『記憶について』（エビングハウス） 87
機能主義 7, 104
機能主義的心理学 64
機能心理学 17, 18, 22
教育心理学 34, 41, 47
『教師のための心理学』（ジェームズ） 156
『京城心理学彙報』（京城帝大） 46
極限法 10, 78
近代心理学
　　——成立神話 95
グループ・ダイナミクス（集団力学） 24, 32
軍事心理学 47
経験主義 60, 63
『経験的心理学』（ヴォルフ） 5, 63
経験的心理論 67-69
『経験的立場からみた心理学』（ブレンターノ） 16
経験論 23
『警察協会雑誌』（日本） 157
ゲシュタルト心理学 16, 23
ゲーテの自然科学 101
現在主義 168
検査心理学 25

減算法　11, 80
恒常刺激法　10
恒常法　78
構成心理学　22
行動経済学　32
行動主義　22
　　──宣言　17
行動療法　23
合理的心理学　70
国際実験心理学会議　19
国際心理学会議　19
国際心理学会　41
国際生理学的心理学会議　19
心の科学　68
心の自然記述　68
個人差　29, 80
個人心理学　15
骨相学　26
古典的行動主義　22

■さ　行
『サイバネティクス』（ウィーナー）　32
催眠（術）　17, 157, 163
作用法則　64
『視覚新論』（バークリ）　61
『色彩論』（ゲーテ）　101, 102
自然科学　6, 59
『自然科学の形而上学的基礎』（カント）　6, 64, 66, 68, 70, 96, 97
自然科学の方法論　72
実験　97
実験室の設立　20
実験心理学　14, 83, 84
『実験心理学』（ティチナー）　22, 89
『実験心理学史』（ボーリング）　82, 85, 95, 96, 167, 181
『実験心理写真帖』（東京帝国大学心理学教室）　89
実験生理学　14
実験パラダイム　21
実証主義　65
質的研究　104, 105
質的心理学　100

『失念術講義』（井上円了）　154
『実用催眠学』（竹内楠三）　157
史的自然論　68
『児童の精神』（プライヤー）　8
社会心理学　17, 32
朱子学　128
『種の起原』（ダーウィン）　8
『純粋理性批判』（カント）　70
条件反射説　22, 23
昭和戦前期の心理学　47
触二点閾　9, 74, 75, 99
進化論　8
心元説　148
新行動主義　30
新心理学　84, 90
進歩史観　172
心理学的実験論　68
心理学：
　　──アイデンティティ　51
　　──基礎実験　89
　　── psychology の始まり　5, 6
　　──と psychology　3, 111
　　──の科学化　59, 72, 79, 96, 98, 119-121
　　──の教授職　40
　　──の語源　111
　　──の日本における受容ルート　37
　　学範（ディシプリン）としての──　49, 82
　　日本の──専攻生誕生　183
　　日本の──の制度化　39
　　明治末期の──制度　41
　　訳語としての──　37
『心理学』（元良勇次郎）　144
『心理学概論』（ヴント）　14
『心理学概論』（元良勇次郎の遺著）　149
『心理学研究』（日本・雑誌）　46
『心理学原理』（ジェームズ）　17, 156
心理学実験　87
心理学実験室　83
　　──の開設　6, 82, 85, 96, 98, 145, 121, 181
心理学実験の成立　86
心理学史
　　──アーカイブ　170
　　──の意義　190

211

——の必要性 52
『心理学通俗講話』(心理学通俗講話会) 42
心理学通俗講話会 41, 51, 147
『心理学的クリニック』(アメリカ・雑誌) 27
『心理研究』(日本・初の準学術誌) 41, 42, 44, 45, 147, 149, 183
『心理作用読心術自在』(竹内楠三) 157
「心理説の一斑」(西・講演記録) 109, 110, 111, 115, 131, 132
『心理摘要』(井上円了) 154
心理論 59, 66, 96, 97
人類学 18
『魔睡』(森鷗外) 157
数学 97
性格 29
——心理学 4
精神物理学 39, 40, 76, 82, 90
——的方法 79
精神物理学試験所 143
『精神物理学要綱』(フェヒナー) 58, 82, 87, 120
精神分析 17, 24, 31
『生性發蘊』(西周) 117, 118, 124, 131, 132
生成文法説 32
生態学的妥当性 32
生理学的アプローチ 71
生理学的心理学 10, 84
生物測定学 18
『西洋哲学講義』(井上哲治郎) 118
性理学 112, 115, 125, 127, 135
『生理学的心理学綱要』(ヴント) 13, 14, 83, 118
『性理論』(津田真道) 116, 130
絶対閾 9
相関 18
相貌学 5

■た 行────
体液心理学 4, 5
大正期以降の心理学制度 43
『致知啓蒙』(西周) 112
知能検査 17, 25, 187
知能指数(IQ) 26
『知能心理学』(松本亦太郎) 49

知能偏差値 26
『茶帳面』(西周) 114
調整法 10, 78
丁度可知差異(法) 10, 77, 78, 83
直接経験 83
『通信教授 心理学』(井上円了) 154
帝國催眠學會 157
ディシプリン → 学範
『哲学会雑誌』(日本) 44, 143
『哲学研究』(ヴント・学術誌) 85, 86
『哲学雑誌』(日本) 44, 158
『哲学雑誌会』(井上円了) 152
『哲学新論』(井上円了) 152
テーテンスの心理学の方法 63
電子検索 174, 178
投影法 28
統覚 14
透視実験 159
『透視と念写』(福来) 42, 160
当否法 10, 78
『動物誌』(アリストテレス) 5
動物磁気 17, 71
動物心理学会(日本) 46
『Tohoku Psychologica Folia』(東北帝大) 46
特性論 29
図書館 176
土着の心理学 51
トレーサビリティ 188

■な 行────
内観(法) 64, 83, 84
内観心理学 14, 83
内部史 36, 186
内部主義 168
『西周哲学著作集』(麻生編) 109
二次資料 173, 169
日本アーカイブズ学会 189
日本児童研究会 41
『日本心理学雑誌』(京都帝大・東京帝大) 46
日本心理学会 46
ニュートンの科学 100
人間性心理学 30
『人間知性論』(ロック) 60

『人間と動物における情動の表現』（ダーウィン）8
『人間の由来』（ダーウィン）8
認知心理学 31
『認知心理学』（ナイサー）32
念写 159
年表史観 172

■は 行
発生的認識論 32
発達研究 28
発達心理学 32
『反＝科学史』（チュイリエ）101
反射機能 90
反応時間 79, 90
比較心理学 8
ヒストリオグラフィ 167
『人さまざま』（テオフラストス）5
『百一新論』（西周）122, 124, 126
『百学連環』（西周）119, 123, 124, 127, 128, 130
フェヒナーの法則 9, 77, 79, 99, 120
『仏教哲学系統論』（井上円了）153
物体論 59, 66, 69, 72, 96, 97
『プランと行動の構造』（ミラー・ギャランター・プリブラム）32
文芸論的性格学 4, 5
平均誤差法 10, 78
『奚般氏著心理学』（西周）37, 124, 134, 140
『変態心理』（中村古峡・雑誌）46
変態心理学 41, 42
弁別閾 9, 75, 77, 120
忘却曲線 87
没思古盧爾 37, 114, 115
ボーリング史観 82, 96

■ま 行
『Mind』（ベイン・雑誌）7, 8, 86
民族心理学 15
無意識 10, 24
『Mental Philosophy』（ヘヴン）133, 140
もう一つの科学 100
目視検索 178
モデル 104
『元良博士と現代の心理学』150
モード論 36, 184
森田療法 154
モリヌークス問題 60-62
『問題児童の臨床的治療』（ロジャーズ）27

■や 行
有意性検定 100
優生劣廃学 19, 91, 187
妖怪学 153
要素主義 14
『夜と霧』（フランク）30

■ら 行
理性主義 60
『理性的心理学』（ヴォルフ）63
臨床心理学 27, 31, 42, 162
類型論 29
『類人猿の知能検査』（ケーラー）24
『霊魂一元論』（西周）117, 135
歴史主義 168
歴史叙述法 167
　　――への反省的視点 186
歴史資料 169-171
連合心理学 7
『六合雑誌』（日本）44

初出一覧

第1章　近代心理学成立への胎動
佐藤達哉（2006）「1章　心理学の歴史　2節　西洋の心理学史」1項－2項．海保博之・楠見孝（監修）『心理学総合事典 第Ⅰ部』朝倉書店, Pp.4-7.

第2章　近代心理学の成立
佐藤達哉（2006）「1章　心理学の歴史　2節　西洋の心理学史」3項－6項．海保博之・楠見孝（監修）『心理学総合事典 第Ⅰ部』朝倉書店, Pp.7-18.

第3章　近代日本における心理学の受容と制度化
サトウタツヤ（2003）「近代日本における心理学の受容と制度化」立命館人間科学研究, 5, 247-258.

第4章　近代心理学の成立と方法論確立の関係 ── カントの不可能宣言を補助線に
サトウタツヤ（2007）「近代心理学の成立と方法論確立の関係 ──『心理学的方法』前史序説」渡邊芳之（編）『心理学方法論』朝倉書店, Pp.30-67.

第5章　心理学と科学の関係を考える ── ゲーテ『色彩論』を補助線に
サトウタツヤ（2007）「心理学と科学の関係を考えるための若干の考察 ── ゲーテ『色彩論』を補助線に」てんむすフォーラム, 2, 31-40.

第6章　西周における「psychology」と「心理学」の間
佐藤達哉（2005）「西周における『psychology』と『心理学』の間」島根県立大学西周研究会（編）『西周と日本の近代』ぺりかん社, Pp.217-251.

第7章　元良勇次郎 ── わが国最初の心理学者
佐藤達哉（2005）「元良勇次郎（わが国最初の心理学者）」西川泰夫・高砂美樹『心理学史'05』第3章，放送大学教材，放送大学教育振興会, Pp.58-70.

第8章　日本の近代心理学成立期における境界画定作業
佐藤達哉（2005）日本の心理学の境界画定作業 それぞれにユニークな研究者 ── 井上・福来・古川の活動」西川泰夫・高砂美樹『心理学史'05』第14章，放送大学教材，放送大学教育振興会 Pp.219-237.

第9章　ヒストリオグラフィと資料保存の重要性
佐藤達哉（2005）「1　心理学史の想像力、心理学の展開力」佐藤達哉（編著）『心理学史の新しいかたち』（下山晴彦（編）「心理学の新しいかたち2」）Pp.3-18.

第10章　心理学史を書き換える
佐藤達哉（2005）「13 心理学の展開力 ── 心理学史から」佐藤達哉（編著）『心理学史の新しいかたち』（下山晴彦（編）「心理学の新しいかたち2」）Pp.209-219.

著者紹介

サトウタツヤ（佐藤達哉）
東京都立大学大学院博士課程中退。博士（文学　東北大学）。福島大学行政社会学部助教授等を経て，現在立命館大学文学部教授。専門は，応用社会心理学，文化心理学，心理学史。
主要な著作
『日本における心理学の受容と展開』（2002，北大路書房），『「モード性格」論』（共著，2005，紀伊國屋書店），『IQを問う』（2006，ブレーン出版），『社会と場所の経験』（共編，2008，東大出版会），『TEMではじめる質的研究』（編著，2009，誠信書房），『心理学・入門』（共著，2011，有斐閣），他。

方法としての心理学史
心理学を語り直す

初版第1刷発行　2011年3月30日©

著　者	サトウタツヤ	
発行者	塩浦　暲	
発行所	株式会社 新曜社	

〒101-0051　東京都千代田区神田神保町2-10
電話(03)3264-4973(代)・Fax(03)3239-2958
E-mail: info@shin-yo-sha.co.jp
URL http://www.shin-yo-sha.co.jp/

印刷　銀河　　　　　　　　　　　　　　　　Printed in Japan
製本　イマヰ製本所
ISBN978-4-7885-1229-0　C1011

新曜社の関連書

心理学者，心理学を語る 時代を築いた13人の偉才との対話	D.コーエン 著／ 子安増生 監訳／三宅真季子 訳	四六判512頁 本体4800円
キーワードコレクション **心理学フロンティア**	子安増生・二宮克美 編	A5判240頁 本体2500円
論争のなかの心理学 どこまで科学たりうるか	A.ベル 渡辺恒夫・小松栄一 訳	四六判256頁 本体2400円
心理学への異議 誰による，誰のための研究か	P.バニアード 鈴木聡志 訳	四六判232頁 本体1900円
入門・マインドサイエンスの思想 心の科学をめぐる現代哲学の論争	石川幹人・渡辺恒夫 編著	A5判304頁 本体2800円
経験のための戦い 情報の生態学から社会哲学へ	エドワード・S・リード 菅野盾樹 訳	四六判274頁 本体2800円
性格とはなんだったのか 心理学と日常概念	渡邊芳之 著	四六判228頁 本体2200円
幸せを科学する 心理学からわかったこと	大石繁宏 著	四六判240頁 本体2400円
笑いを科学する ユーモア・サイエンスへの招待	木村洋二 編	A5判256頁 本体2800円
進化心理学入門	J.H.カートライト 鈴木光太郎・河野和明 訳	四六判224頁 本体1900円
人間はどこまでチンパンジーか？ 人類進化の栄光と翳り	J.ダイアモンド 長谷川眞理子・長谷川寿一 訳	四六判608頁 本体4800円

＊表示価格は消費税を含みません。